南昌航空大学学术文库

丛书

新时代大学生
马克思主义信仰教育
研究

Research on Marxist Belief Education for
College Students in the New Era

晏朝飞 ◎著

江西省社会科学基金高校思想政治理论课研究专项重点课题"伟大建党精神融入高校马克思主义信仰教育研究"（SZ211003）研究成果。

经济管理出版社
ECONOMY & MANAGEMENT PUBLISHING HOUSE

图书在版编目(CIP)数据

新时代大学生马克思主义信仰教育研究／晏朝飞著. —北京：经济管理出版社，2024. 4

ISBN 978-7-5096-9678-1

Ⅰ. ①新…　Ⅱ. ①晏…　Ⅲ. ①大学生—马克思主义—信仰—教育研究—中国

Ⅳ. ①G641

中国国家版本馆 CIP 数据核字(2024)第 083931 号

组稿编辑：王光艳

责任编辑：王光艳

责任印制：黄章平

责任校对：徐业霞

出版发行：经济管理出版社

　　　　　(北京市海淀区北蜂窝 8 号中雅大厦 A 座 11 层　100038)

网　　址：www. E-mp. com. cn

电　　话：(010)51915602

印　　刷：北京市海淀区唐家岭福利印刷厂

经　　销：新华书店

开　　本：720mm×1000mm /16

印　　张：14

字　　数：230 千字

版　　次：2025 年 1 月第 1 版　2025 年 1 月第 1 次印刷

书　　号：ISBN 978-7-5096-9678-1

定　　价：68.00 元

目录
CONTENTS

第七章　伟大建党精神融入大学生马克思主义信仰教育的实践探索

第一节　选题缘由及意义

一、选题缘由

信仰是人类思想价值观念体系的核心，体现着人们对其认定的具有最高生活价值的某种对象的由衷信赖和矢志追求。它既是贯穿人的世界观的意识活动准则，也可以成为团体组织、民族、国家乃至全社会的精神支柱，为人类价值判断、实践活动提供终极价值引导和强大精神动力。历史上，人们由于思想认知、生产方式、社会生活、民俗习惯等差异，信仰内容和方式多元化，但主要是以宗教形态表现出来，并先后经历了从自然宗教到社会宗教、从多神教到一神教、从民族宗教到世界宗教等发展阶段，构成了人类丰富的信仰史。到了近代，科学技术的繁荣进步和社会思潮的深刻流变带领人类逐渐从宗教信仰的认知牢笼中解脱出来。其中，马克思主义信仰作为一种崭新的信仰开始走上人类历史舞台，它以科学性、人民性、实践性和发展性颠覆了人类原有的信仰形态，不仅预示了人类信仰进一步发展的方向，而且带领世界人民开展了空前的无产阶级解放事业，是人类信仰史上的伟大变革。

依靠马克思主义信仰，我国老一辈无产阶级革命家在探索救亡图存的道路上高举马克思主义的伟大旗帜，经过艰苦卓绝的浴血斗争建立了人民当家作主的中华人民共和国。在社会主义建设和改革时期，我国长期坚持马克思主义在意识形态领域的指导地位，不断夯实全体人民尤其是青年群体对共同思想基础的高度价值认同，为国家富强、民族振兴提供精神动力和思想保证。我国社会主义建设和改革开放取得了巨大成功，创造了日益丰富的物质财富。前人栽树，后人乘凉，新时代大学生得以享受到长辈曾没有的充沛物质财富，但是相较之下，精神世界的富足状况不容乐观。在经济全球化、互联网广泛普及、数字技术崛起的时代洪流中，国内外各种社会文化思潮此起彼伏、相互激荡，这使时常浸染在计算机网络、智能手机生活中的大学生开始迷茫和困顿，不乏一些学生在资本逐利、泛娱乐文化的诱导下开始迷恋拜金主义、享乐主义和个人主义，甚而盲目跟随马克思主义过时论、无用论、洗脑论等错误论调亦步亦趋，与理想、信仰越来越疏远。然而，对于掌握、坚持辩证唯物主义世界观和方法论的中国共产党人而言，在面对不良思想文化渗透的时候不是无能为力、无所作为，而是擅长发挥主观能动性应对风险挑战、改造人的主观世界。习近平总书记在全国宣传思想工作会议上指出："我们正在进行具有许多新的历史特点的伟大斗争，面临的挑战和困难前所未有，必须坚持巩固壮大主流思想舆论，弘扬主旋律，传播正能量，激发全社会团结奋进的强大力量。"①因此，笔者对新时代新境遇条件下的大学生马克思主义信仰教育产生了研究兴趣，而聚焦于将伟大建党精神融入大学生马克思主义信仰教育这一研究分支，则是出于如下考虑：

(一)因信仰而诞生：伟大建党精神是新时代大学生信仰教育的优质内容

习近平总书记在庆祝中国共产党成立 100 周年大会上的重要讲话中首次明确概括了中国共产党的伟大建党精神："一百年前，中国共产党的先驱们创建了中国共产党，形成了坚持真理、坚守理想，践行初心、担当使命，不怕牺牲、英勇斗争，对党忠诚、不负人民的伟大建党精神，这是中国共产党的精神之源。"②伟大建党精神内涵丰富、意境深远、跨越时空、历久弥新，其因马克思主义信仰而诞生，亦因马克思主义信仰而传承，既在中国共产党人开天辟地的历史大事变中淬炼形成，也在中国共产党人改天换地、翻天覆地、惊天动地的百年奋斗进程中不断舒枝展叶，形成了郁郁葱葱的中国共产党人精神谱系，蕴藏着无穷无尽的信仰力量。可见，伟大建党精神与马克思主义信仰具有紧密的逻辑关联与内容耦合关系，与生俱来是马克思主义信仰教育的优质内容，对深入回答新时代高校"培养什么人、怎样培养人、为谁培养人"这些根本问题具有重要意义。

---

① 习近平. 习近平谈治国理政(第一卷)[M]. 北京：外文出版社，2014：155.
② 习近平. 习近平谈治国理政(第四卷)[M]. 北京：外文出版社，2022：7.

(二)善用源头活水：新时代大学生信仰教育需要回眸和致敬建党初心

信仰教育，内容为王。辩证唯物主义告诉我们，内容决定形式，形式反作用于内容。在实施马克思主义信仰教育过程中，无论外界环境如何变化，无论教育方法、手段和模式如何更新转换，我们必须清醒认识到教育内容的决定性地位，要不断拓展和完善教学内容，让优质、丰富的教学内容浸润学生心田。新时代大学生马克思主义信仰教育不仅是理论教育，还是实践教育，最终要引导大学生自觉将青春力量汇聚到中华民族伟大复兴的实践中。要实现这个教育目标，离不开正确引导学生对中国共产党建党初心的回眸、理解和共鸣，因为不忘初心方能行稳致远。伟大建党精神开启了马克思主义中国化的历史实践进程，集中展现了一百年前中国共产党人为中国人民谋幸福、为中华民族谋复兴的坚定初心和强烈使命，是帮助大学生理解马克思主义中国化的源头活水，有助于达成大学生投身民族复兴伟业的信仰教育目标。

(三)赓续红色血脉：继承和发扬伟大建党精神离不开新时代大学生信仰教育

习近平总书记在庆祝中国共产党成立 100 周年大会上特别强调："我们要继续弘扬光荣传统、赓续红色血脉，永远把伟大建党精神继承下去、发扬光大！"[1]教育是人类特有的传承文明成果的能动性活动，也是继承和发扬伟大建党精神的最好方式。在中国共产党领导革命、建设和改革的不同历史时期，高校在长期的信仰教育实践中不仅坚持马克思主义信仰的主体地位，而且在不断的理论创新和实践创新中积累了丰富的教育经验，形成了较为有效的教育理念、方法、机制和途径等，既能够为新时代大学生继承和发扬伟大建党精神提供有力的教育支持，也有利于把伟大建党精神的继承发扬与大学生信仰教育的深化发展相统一，让培育大学生马克思主义信仰与继承发扬伟大建党精神相得益彰。

---

① 习近平. 习近平谈治国理政(第四卷)[M]. 北京：外文出版社，2022：7.

二、选题意义

(一) 理论意义

本书的研究具有重要的理论意义，具体体现为以下两个方面：

一方面，从理论研究上丰富马克思主义信仰教育研究内容。长期以来，学者为了丰富信仰教育内容、提高信仰教育效果，在国内掀起了把中国共产党精神谱系融入信仰教育的研究热潮，尝试着把具有信仰象征意义的红船精神、长征精神、抗疫精神等融入马克思主义信仰教育中，取得了较多优秀理论成果。自伟大建党精神概念提出以来，学者给予了高度关注，既认识到伟大建党精神在中国共产党精神谱系中的独特地位，也认识到其与信仰教育之间存在高度耦合性，但是由于研究时间较短，目前相关直接性成果不多，尤其是缺乏较为系统的研究成果，尚存在广阔的理论研究空间。本书试图通过构建较为系统的理论研究框架将伟大建党精神融入信仰教育之中，从而有助于将中国共产党精神谱系在信仰教育中的运用引向更深入的研究，有助于丰富马克思主义信仰教育研究内容。

另一方面，从理论上综合回答"为什么融入""融入什么""如何融入"等基本命题。"为什么融入"是一个价值判断命题，"融入什么"是一个内容构建命题，"如何融入"是一个实践探索命题。现有研究多处于回答"为什么融入"基本命题的阶段，也开始涉及回应"如何融入"基本命题，但是很少重视和关切"融入什么"基本命题，尤其是如何结合新时代条件和大学生实际，将抽象的精神内容转化为时代化、具体化的内容形式，目前相关研究还鲜有探讨与涉及。本书将这几个基本问题作为一个连贯的整体开展系统研究，既深刻审视伟大建党精神和马克思主义信仰教育之间的耦合价值，也尝试从新时代大学生视角解析伟大建党精神内容，在两者基础上探索融入机制和路径，使研究更具理论规范性、逻辑性和系统性。

(二) 现实意义

本书的研究具有重要的现实意义，具体体现为以下两个方面：

一方面，有利于提升新时代大学生马克思主义信仰教育的实效性。伟大建党精神不仅是宝贵的精神财富，还蕴含丰富的育人价值，集中反映了一百年前中国先进青年的坚定信仰、崇高情怀和使命担当。一百年前的先进青年既是伟大建党精神的精神主体，也是值得新时代青年学习的精神榜样，高校通过适当的宣传教育方式可以激发新时代大学生的精神力量。本书从理论上阐发伟大建党精神的育人价值，也从历史中探寻一百年前先进青年的精神特质，在此基础上为伟大建党精神融入信仰教育提供可行的实践思路，有利于高校准确把握伟大建党精神内涵、遵循信仰生成规律和科学开展施教活动，对提升新时代大学生马克思主义信仰教育实效性具有现实意义。

另一方面，有利于新时代高校更好地回答"为谁培养人、培养什么人、怎样培养人"的根本问题、落实立德树人根本任务。2022 年 4 月，习近平总书记在中国人民大学考察调研时强调，"为谁培养人、培养什么人、怎样培养人"始终是教育的根本问题。将伟大建党精神与大学生马克思主义信仰教育相结合，可以极大地激活信仰教育内涵式、持续式发展的驱动力，不仅有利于促进大学生对马克思主义信仰的情感认同和价值认同，而且有利于高校在教育活动中进一步明确"为党育人、为国育才"的教育宗旨，强调"培养担当民族复兴大任的时代新人"的崇高使命，以不忘初心的历史情怀滋养高等教育事业，为高校全面实施"时代新人铸魂工程"、落实立德树人根本任务提供精神文化支撑和宝贵红色资源。

第二节 文献综述

一、文献梳理

从马克思主义的学科视野和当代中国现实语境出发展开的对信仰问题的关注和研究起步于 20 世纪 80 年代。进入 21 世纪，马克思主义信仰及其教育研究热逐渐走向高潮。① 而后随着伟大建党精神在庆祝中国共产党成立 100 周年大会上的提出，学者开始高度关注伟大建党精神研究，并逐渐将其和马克思主义信仰教育相结合，将马克思主义信仰教育研究推向新征程。受主流意识形态或者国情差异的制约，国外学者暂时还没有对伟大建党精神融入大学生马克思主义信仰教育展开研究，因此这里主要对国内的文献进行研究，分别从伟大建党精神、大学生信仰教育、伟大建党精神融入大学生马克思主义信仰教育三个方面系统梳理和展示。

（一）关于伟大建党精神的研究

1. 关于伟大建党精神的产生渊源研究

伟大建党精神具有深厚的理论和实践渊源，不仅直接来源于马克思主义理论和中国共产党建党实践，而且厚植于中华优秀传统文化的土壤，是对人类优秀文明成果的继承与发展。为此学术界分别提出了马克思主义源头说、中华优秀传统文化积淀说、人类优秀文明成果说以及建党实践来源说。其中，马克思主义源头说的代表性观点包括：蔡志强和袁美秀（2021）认为，中国共产党在建党时便具有鲜明的马克思主义底色，就植入了马克思主义的血脉与基因，伟大建党精神的直接理论来源是马克思主义，核心要义也在于坚持马克思主义指导思想，其精神内容充分体现了马克思主义的真理观、理想观、人民观、历史观、实践观和忠诚观；安培和韩文婷（2021）认为，近代中国一批先进知识分子、仁人志士正是在马克思主义真理感召和俄国十月社会主义革命的鼓舞下创建了中国共产党，并领导工人阶级以独立姿态登上政治舞台，伟大建党精神从此萌发；刘小龙（2021）认为，马克思主义是伟大建党精神的思想旗帜和政治灵魂，要在坚持和发展马克思主义中弘扬伟大建党精神。中华优秀传统文化积淀说的代表性观点包括：张志丹（2021）认为，伟大建党精神汲取了中华优秀传统文化的丰硕养分，其本质是伟大民族精神的时代传承与中华优秀传统文化的时代升华，其内容"坚持真理、坚守理想""践行初心、担当使命""不怕牺牲、英勇斗争""对党忠诚、不负人民"，既承载着中华民族的崇高品质，也蕴含

---

① 徐晓丽. 高校马克思主义信仰教育新论［M］. 北京：中国社会科学出版社，2021：5.

了中华民族深切的价值追寻。人类优秀文明成果说的代表性观点包括：曲值(2022)认为，在中国共产党成立前后，中国有很多先进分子走出国门，以开阔的眼界和宽广的胸襟学习了新思想、新理论和新文化，在充分吸收、合理借鉴人类优秀文明成果的基础上塑造了焕然一新的伟大建党精神。建党实践来源说的代表性观点包括：白显良(2021)依据社会存在决定社会意识的唯物史观原理，认为创建中国共产党的实践活动催生了能够反映当时社会存在的伟大建党精神；赵伟贵(2022)指出，革命先驱创建中国共产党的实践是伟大建党精神的生成基础。

2. 关于伟大建党精神的理论内涵研究

伟大建党精神具有丰富内涵，学者对此开展了较为广泛的研究。彭正德(2022)认为，应当从马克思主义中国化、中华民族伟大复兴、中国共产党自我革命三个视角深刻理解建党精神内涵，并将其内涵分为"理与实""国与家""生与死""公与私"四个维度，强调每个维度均涵盖了中国共产党的爱国精神、进取精神和创新精神。胡春艳和霍冠行(2023)指出，伟大建党精神具有深刻的马克思主义哲学意蕴，其精神内容涵盖了马克思主义的真理观、实践观、矛盾观和群众史观。杨丽艳和穆璇(2022)从唯物主义视角剖析伟大建党精神内涵，认为"坚持真理、坚守理想"体现了真理指导实践的认识论，"践行初心、担当使命"体现了意识能动作用于物质的唯物论，"不怕牺牲、英勇斗争"体现了推动事物发展的矛盾论，"对党忠诚、不负人民"体现了以人民为立场的群众史观。刘艳玲等(2022)从中国共产党人的历史自觉性出发解析伟大建党精神的基本内涵，认为其分别体现了中国共产党人的思想自觉、实践自觉、意志自觉和情怀自觉。刘红凛(2021)认为，伟大建党精神集中体现了马克思主义政党的理论先进性、实践先进性和政治先进性，充分展现了中国共产党人的政治志向、根本宗旨、革命精神与政治气节。王鹤岩和秦岳琳(2022)从李大钊同志的革命实践视角理解伟大建党精神，认为他致力于传播马克思主义，体现了"坚持真理、坚守理想"；他创建中国共产党、为民众呐喊，体现了"践行初心、担当使命"；他反对专制独裁、献身革命，彰显了"不怕牺牲、英勇斗争"；他救国救民、无私无畏，体现了"对党忠诚、不负人民"。王中原和黄雪英(2022)指出，伟大建党精神的四个方面内容分别揭示了中国共产党人的政治灵魂、根本动力、宝贵品格和价值旨归，是对党的百年实践的科学总结，既相互独立，又高度统一，是一个有机整体。李金哲（2022）认为伟大建党精神的内在意蕴包括理论、历史、价值和实践四个维度，其不仅是成功经验的总结，还为新征程标注了复兴伟业的精神坐标。陈权科等（2022）认为信仰之魂、实践之维、精神之核和政治之格以相互联系、有机统一的方式共同构成了中国共产党的精神之源。

3. 关于伟大建党精神的重要价值研究

作为中国共产党人奋勇前行的源头活水，伟大建党精神这一概念的提出及其科学内涵的确立具有深刻价值。姚崇（2021）分别从价值地位、价值构成及价值指向上深入厘清伟大建党精神的价值逻辑，认为它在马克思主义发展史及中国化进程中具有重要价值，它以人民性为价值主体，既具有追求真理、确立信念的价值原则，也具有"践行初心、担当使命"的价值目标，还具有不怕牺牲和英勇斗争的价值动力，为开拓 21 世纪中国马克思主义发展新境界、推动实现中华民族伟大复兴、构建人类命运共同体提供了价值指向。万菊（2021）从理论、实践、历史与现实四个维度深刻剖析了弘扬和传承建党精神的时代价值，认为其在理论维度上集中展现了马克思主义建党学说中国化，在实践维度上是推进全面建设社会主义现代化国家的精神动力，在历史维度上是中国共产党人不断丰富精神谱系的指明灯，在现实维度上是推进党的建设伟大工程的精神源泉。蒲清平和何丽玲（2022）认为伟大建党精神是育人的精神武器、强党的精神之源、强国的精神动力，对全面建设社会主义现代化强国具有重要的时代价值。忻平和万金城（2022）从认知、情感、意志和行动四个方面诠释了伟大建党精神的价值追求，认为其以相互贯通、相辅相成、辩证统一的内在价值逻辑形成了价值引领、情感凝聚、精神激励和行动导向的育人功能。王晓丽和徐鑫钰（2022）从实现中华民族伟大复兴的目标视野出发，认为伟大建党精神具有方向指引、根本遵循、动力之源和道德准则的价值意蕴。虞志坚（2022）从高校思想政治教育的研究视野出发，认为伟大建党精神有利于推动高校实现立德树人根本任务，有利于大学生增强"四个自信"，树立正确党史观，有利于推动高校思想政治教育高质量发展。吴少伟（2022）从思政课建设工作的研究视野出发，认为伟大建党精神有利于提升思政课教学实效，有利于激励大学生奋发有为。

(二)关于大学生信仰教育的研究

大学生信仰教育既是我国高校落实立德树人根本任务的重要抓手，也是高质量提升铸魂育人实效的必要环节。习近平总书记在党的二十大报告中指出："马克思主义是我们立党立国、兴党强国的根本指导思想"，强调"坚持对马克思主义的坚定信仰"①。马克思主义的根本指导思想地位决定了我国高校要坚持以马克思主义为核心内容开展大学生信仰教育。随着进入新时代以来马克思主义中国化理论和实践的进步与创新，高校在遵循教育规律和信仰生成规律的前提下，不断丰富、发展大学生信仰教育内容与方式方法，在此背景下相关学术研究也迎来了热潮，并取得丰硕成果。鉴于此，笔者综合运用文献计量和内容分析法对新时代以来相关文献进行可视化分析与信息挖掘，既从整体上准确把握研究现貌，也从热点论域中深入考察观点争鸣，以期展望大学生信仰教育研究走向，为今后研究的创新推进提供可借鉴的切入点。

1. 数据来源与研究方法

研究数据来源于中国知网（CNKI）数据库。为使研究数据较为全面、可靠与权威，笔者在文献高级检索状态下将"信仰教育"分别列为检索主题、篇名或者关键词，把时间范围限定为 2013~2022 年，选取学位论文、北大核心与中文社会科学引文索引（CSSCI）来源期刊作为文献类别进行检索。截至 2022 年 9 月 30 日检索到 950 篇文献，而后逐一对各文献内容进行分析，人工剔除了与本书研究主题、研究群体等不相关文献，筛选得到有效样本文献 475 篇，其中博士学位论文 14 篇，硕士学位论文 215 篇，核心期刊文献 246 篇。

为深入挖掘和分析文献信息所蕴含的研究状态、变化及规律，本书研究采用文献计量与内容分析相结合的方法，既从定量上客观把握研究的整体概貌，也从定性上深入揭示热点论域及趋势，以此作出较为全面、准确的研究判断。文献计量法是基于发文数量、学科分布、关键词、作者等各

---

① 习近平.高举中国特色社会主义伟大旗帜 为全面建设社会主义现代化国家而团结奋斗[N].人民日报，2022-10-26(1).

量在 2 篇及以上的作者称为近 10 年来大学生信仰教育研究领域内的核心作者。经统计，核心作者有 22 人，发文量共计 51 篇，仅占总发文量的 10.74%，说明近 10 年该领域尚未形成较为成熟的核心作者群。

由图 1-2 可见，徐秦法发文量为 6 篇，宁德鹏发文量为 4 篇，杨德祥、杨影、张加明发文量分别为 3 篇，张荣华、刘魁、曾杰等 17 位作者发文量分别为 2 篇；从合作整体情况来看，22 位作者间连线仅有 8 条，且合作关系都发生在 2017 年之前，意味着研究者之间的合作关系较弱，该领域有待扩大学术成果共创共享，推动形成持续稳定的学术共同体。

核心作者群是促进该领域成果产出的一股活跃力量，而高被引学者是打造该领域成果价值、提升学术影响力的突出力量。表 1-3 报告了 2013~2022 年大学生信仰教育研究领域被引次数排名前 10 的文献，其中博士学位论文和期刊论文分别为 5 篇，被引次数最多的是张梅的博士学位论文《当代大学生马克思主义信仰教育研究》，达 97 次，而徐徐的《"中国梦"背景下当代青年大学生理想信仰培育路径探析》被引次数为 92 次，在期刊文献中位居第一。这说明近 10 年该领域形成了一批具有影响力的代表作，既包括资深学者的优秀刊文，也不乏青年博士做出的重要贡献，构成了层次结构合理、具备发展潜力的优秀学术梯队。

表 1-3　2013~2022 年大学生信仰教育研究的高被引学者发文情况

单位：次

序号	作者	题目	期刊/学位论文	年份	被引次数
1	张梅	《当代大学生马克思主义信仰教育研究》	博士学位论文	2013	97
2	徐徐	《"中国梦"背景下当代青年大学生理想信仰培育路径探析》	《学校党建与思想教育》	2013	92
3	曾杰	《21 世纪中国大学生马克思主义信仰教育研究》	博士学位论文	2015	56
4	邓鹏	《论红色文化对大学生马克思主义信仰教育的价值及其应用》	《思想理论教育导刊》	2016	55

序号	作者	题目	期刊/学位论文	年份	被引次数
5	张长虹 马福运	《当前大学生马克思主义信仰状况的调查分析与对策研究》	《思想教育研究》	2014	55
6	陆攀	《马克思主义信仰的历史演变研究》	博士学位论文	2014	53
7	杨昳婧	《当代大学生马克思主义信仰问题研究》	博士学位论文	2013	50
8	谭吉华 唐顺利 谭文翰	《论红色资源与大学生政治信仰教育的融合》	《思想教育研究》	2013	48
9	徐秦法	《马克思主义信仰教育的本质规定及其内在逻辑》	《马克思主义研究》	2018	40
10	赵华伟	《当代中国大学生信仰教育问题研究》	博士学位论文	2016	40

3. 新时代大学生信仰教育研究的热点内容分析

为从更深层面把握新时代大学生信仰教育研究现状，这里借助 CiteSpace 6.1.R2 工具进行热点内容的共现与演进分析，并运用内容分析法阐述观点争鸣，以此实现对新时代大学生信仰教育研究热点现状及演进的分析。

（1）热点内容的共现分析

文献关键词可以较好反映该研究领域的热点内容，绘制和分析关键词共现网络图谱是开展热点内容共现分析的有效方式。将数据导入 CiteSpace 6.1.R2，在功能参数中将时间范围设置为 2013~2022 年，时间切片间隔为 1 年，每段时间切片的数据阈值设定为 Top30，并在"Note Types"（分析类型）中直接选定"Keyword"（关键词），将"Pruning"（修剪）参数设置为"Pathfinder"（寻径网络）的剪裁方法，启动运行后可得到由 475 个关键词和 324 个关键词节点构成的知识图谱。为增强图谱可读性、凸显重要信息，经调整优化后最终得到新时代大学生信仰教育研究的关键词共现网络图谱，如图 1-3 所示。图 1-3 反映了新时代大学生信仰教育研究的诸多热点，每个圆形节点代表一个关键词，圆形节点越大说明相应关键词出现的频次越高，也越表明其是该领域的研究热点。这些热点既涉及研究新时代大学生信仰现状与问题，也致力于探索信仰教育的实践对策与路径，同时不乏探讨大数据条件下大学生的信仰教育问题，以及辨析马克思主义信仰与宗教信仰之间的关系等。

图1-3　新时代大学生信仰教育研究的关键词共现网络图谱

表1-4具体列示了新时代大学生信仰教育研究中频次较高的关键词情况。首先，从频次来看，"大学生""信仰教育""信仰""政治信仰"的频次排名靠前，说明该研究领域主要以大学生为研究群体，重点围绕"信仰""信仰教育""政治信仰"等主题展开研究。频次紧随其后的关键词有"对策""新时代""问题""宗教信仰""思政课""大数据"等，集中反映了该领域关注的热点论域以及研究视角。其次，从中心度来看，数值由高到低的关键词有"大学生"（0.78）、"信仰教育"（0.75）、"新媒体"（0.27）、"问题"（0.26）等，进一步反映了该领域的研究热点。虽然关键词"实践路径"的中心度小于0.10，但是其与"对策"是相近关键词，因此关于如何开展信仰教育、提升信仰教育成效亦是该领域关注度较高的论域。最后，从突现

值情况来看，关键词中出现了"新时代""大数据""新媒体"三个突现词，突现值分别为8.13、3.87和2.31，说明它们在短期内成为关注度很高的研究问题，也在一定程度上反映了该领域的研究前沿。

表1-4 新时代大学生信仰教育研究中频次较高的关键词情况

序号	频次	突现值	中心度	关键词
1	184		0.78	大学生
2	121		0.75	信仰教育
3	71		0.24	信仰
4	39		0.13	政治信仰
5	38		0.17	对策
6	25	8.13	0.20	新时代
7	11		0.26	问题
8	10		0.19	宗教信仰
9	10		0.23	思政课
10	9	3.87	0.16	大数据
11	8		0.08	实践路径
12	7	2.31	0.27	新媒体

(2)热点内容的演进脉络

分析热点内容的演进脉络，既有利于把握该领域研究的总体变迁和发展趋势，也对研究者进一步挖掘命题、创新研究方向大有裨益。在对文献部分同义关键词做合并处理的基础上，运用CiteSpace的"Timeline"功能绘制时间线鱼眼图，以此实现对研究热点内容演进的可视化分析。图1-4清晰展示新时代大学生信仰教育热点内容的演进脉络，其中包括97个节点、193条连线，以及马克思主义信仰教育等8项主题聚类。从成像指标来看，聚类模块值(Q值)为0.87，大于0.30，表明网络关系紧密、聚类结构显著；聚类平均轮廓值(S值)为0.98，大于0.70，说明聚类结果具有较高信度。

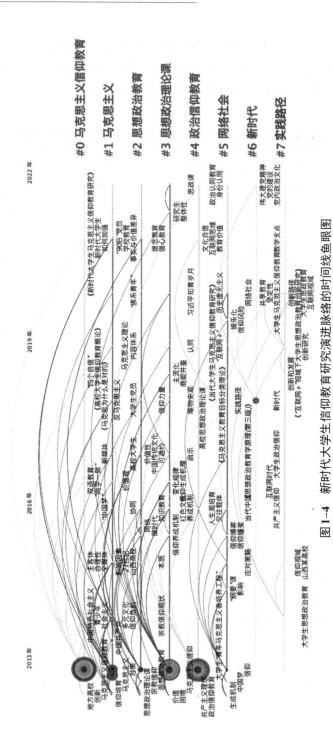

图1-4 新时代大学生信仰教育研究演进脉络的时间线鱼眼图

从主题聚类来看，除了"马克思主义信仰教育"属于概述性聚类之外，其余则从不同方面反映了新时代大学生信仰教育研究的研究分支。聚类1为马克思主义，反映了该领域研究坚持以马克思主义的世界观和方法论为内容引领大学生信仰培育，从其研究的时间线演化路径来看，学术界在考察期早期探讨了多元文化环境中的信仰危机问题，在中期过渡到对反马克思主义不良思潮的批判，在后期基于"佛系青年"等现象开展信仰教育研究。聚类2思想政治教育、聚类3思想政治理论课、聚类4政治信仰教育则从不同方面反映了与大学生信仰教育紧密联系的几项工作，其中：高校思想政治教育工作是更广泛意义上的马克思主义信仰教育，其核心内容就是为构建大学生马克思主义信仰而服务，同时也是高校防范宗教渗透和不良思潮影响的系统性堡垒；思想政治理论课是落实立德树人根本任务的关键课程，是从学理上开展马克思主义理论知识教育、系统培育大学生马克思主义信仰的主渠道和主阵地；政治信仰教育一般是指对党员的马克思主义信仰教育，是更高标准、更严要求、更高层面的马克思主义信仰教育，演进脉络包含强化政治认同、坚定共产主义信念、培育青年马克思主义者等内容。聚类5为网络社会，主要反映互联网环境下大学生信仰娱乐化、世俗化等问题，演进脉络涉及研究大学生信仰嬗变、信仰风险以及信仰博弈等内容。聚类6和聚类7分别为新时代和实践路径，反映学者更强调结合新时代条件提出合乎时代发展规律、贴近新时代大学生学习生活的创新路径，演进脉络涉及中国梦、伟大建党精神、共享教育等在新时代历史方位中生成的概念。

（3）热点内容的观点争鸣

近年来，学者围绕新时代大学生信仰教育开展了广泛探讨和观点争鸣，既形成了有益的观点共识，也存在观点分歧。

观点共识有两个方面：

第一，马克思主义是一种科学信仰。这种共识体现在三点：一是马克思主义是一种信仰。新时代以来，学者关于"马克思主义能否成为一种信仰"的争论消散，普遍形成了"马克思主义既是意识形态，也是一种信仰"的共识。王开莉（2019）认为，马克思主义信仰的生成符合信仰发展规律，是人类信仰领域的伟大变革。祝和军（2019）解析称，马克思主义之所以能够成为一种信仰，主要是因为其在世俗和超验、现实和理想之间存在合理运动的辩证张力。尤陈一鑫和陈娜燕（2022）提出，马克思主义信仰的重要价值在于消解了信仰史上倒置信仰主体与客体关系的错误，使得人成为信仰主体，从而超越了庸俗主义和先验主义信仰观。二是马克思主义信仰有别于宗教信仰。郑敬斌（2016）认为，是否支持理性判断是马克思主义信仰与宗教信仰之间的重要区别。张轩和任慧婷（2019）认为马克思主义信仰坚持辩证唯物主义立场，它对人类自然本性的态度、信仰目标及其实现方式等都与宗教信仰有着本质不同。徐秦法和常劼（2020）强调，马克思主义信仰不同于传统社会的精神信仰，也有别于缥缈或者混乱的宗教信仰，而是具有崇高、现实、实践特征的科学信仰。三是马克思主义信仰是科学的信仰。赵磊和赵晓磊（2018）针对马克思主义缺乏科学实证的说法，主张破除经济学对数学模型的迷信，提出检验马克思主义的实证方法并不是几个数学模型，而是人类社会的实践活动，有力回击了实证异化现象，进而得出马克思主义不仅是一种信仰，还是一种科学的结论。刘建军（2021）驳斥了西方关于马克思主义是新型宗教的观点，认为以马克思主义为代表的科学信仰，真正反映和体现了人类信仰的能动本质，并引导人类信仰走上科学之路。

第二，推进高校马克思主义信仰教育时代化。学者认为高校马克思主义信仰教育要紧跟时代发展、贴近当代大学生的生活实际，把新时代的先进思想、理念、内容与方法等融入大学生马克思主义信仰教育。苏丹（2018）在分析大学生信仰现状的基础上，提出新时代要加强马克思主义信仰的学理阐释，以提升学生的理论认识；注重宣传新时代中国发展面貌及取得的伟大成就，以增加学生的情感体验。殷海鸿和马凤强（2020）认为青年习近平在梁家河插队的知青岁月为新时代青年成长树立了光辉榜样，是高校加强马克思主义信仰教育的重要素材。王丽仪（2020）建议充分利用大数据带来的有利条件及其强大功能推进高校马克思主义信仰教育方法的时代化。李亮亮（2021）认为中国共产党在领导各界人民开展抗击新冠疫情的斗争中产生了生命至上、举国同心、舍生忘死、尊重科学、命运与共的伟大抗疫精神，主张将其全面融入新时代大学生马克思主义信仰教育。李英和王晓路（2022）主张在马克思主义理论阐释、体系呈现、教师素养、教学过程等方面坚持整体性原则，以此提升大学生马克思主义信仰教育成效。俞科(2022)认为伟大建党精神是中国共产党百年精神谱系的凝练，根植于马克思主义信仰，两者之间具有深刻的内在契合逻辑，主张运用伟大建党精神培育青年对马克思主义的坚定信仰，加强马克思主义中国化的定力。

观点分歧也有两个方面：

第一，迷失论和健康论。对于大学生马克思主义信仰现状，现有研究存在一定的分歧，综合来看持两种观点：一种是迷失论，即认为大学生信仰迷失问题居多；另一种是健康论，即认为大学生信仰状况以健康积极为主流。其中，迷失论的代表性观点包括：成媛和韩冀宁(2018)对民族院校大学生开展了调研，发现有57.8%的学生选择非马克思主义信仰，有16.9%的学生存在信仰迷茫，表明民族院校大学生的信仰迷失问题较为突出；刘宏宇(2019)以"95后"大学生为研究对象，认为他们的信仰现状呈现几个特点，即信仰多元化、多样化发展趋势明显，对马克思主义信仰多停留在现实主义层面，感性认知多于理性认知。健康论的代表性观点包括：刘国栋(2015)对江苏省5000余名大学生进行了问卷调查，发现虽然有部分大学生对党的基本理论和知识掌握不充分，但是有98.17%的大学生赞同"只有中国共产党才能发展中国"及"坚持中国特色社会主义道路"，认为大学生普遍具有马克思主义信仰并怀揣中国特色社会主义的共同理想；陆攀和高巍巍(2017)通过对安徽7所高校的调查发现，虽然大学生信仰呈现多元化趋势，但是主流信仰是马克思主义，认同中国特色社会主义和中国梦；张雪黎和魏新凯(2019)调查发现，80%的大学生认为马克思主义不是过时的理论，说明多数大学生对马克思主义具备正确认知，这是高校进一步培育大学生马克思主义信仰的良好基础。之所以产生观点分歧，主要是因为调查对象之间的差异：一方面，非民族院校大学生的信教比例相对较低，更容易接受马克思主义的世界观和方法论，调查结果一般呈现为健康论，而民族院校大学生一般具有较为普遍的宗教信仰，在接触马克思主义信仰之后难免产生新旧信仰之间的心理冲突，因此需要更多时间调整信仰方向，调查结果一般呈现为迷失论；另一方面，不同院校之间的马克思主义信仰教育水平存在一定的差别，有的院校教育方式方法因事而化、因时而进、因势而新，而有的院校教育方式方法滞后于时代条件及大学生特点变化，这也使得调查结果呈现健康论和迷失论的差异。对于这种观点分歧，在今后研究中可能需要扩大调查样本数量、优化调查样本结构，以便获得更为合理的结论。

第二，客观论和主观论。关于大学生马克思主义信仰教育面临的问题出自何处，现有研究存在一定争论，归纳来看持三种观点：一是客观论，即认为问题多出自外部环境；二是主观论，即认为问题多出自大学生或者教育本身；三是客观和主观并重论，即认为问题同时来自客观和主观两方面，不可偏颇。其中，客观论的代表性观点包括：罗维梅(2016)认为在社会思潮多元化趋势下，个别思潮的泛滥对马克思主义意识形态的主导地位产生了一定程度的消解效应，以致动摇了部分人的马克思主义世界观；张夏蕊(2020)强调高校马克思主义信仰教育面临社会信仰多元化、功利化、虚假化、片面化的冲击影响。主观论的代表性观点包括：吴青芳(2019)将大学生马克思主义信仰迷失问题归因于其自身精神世界的沉沦，即大学生处于思维发展凸变期，心智有待成熟，缺乏一定的社会经历，看待问题存在表面化、静态化、片面化等现象，容易在多样化价值取向面前做出错误选择；陈士勇和张晶(2021)以新媒体快速发展为时代背景，认为高校马克思主义信仰教育既面临发展机遇，也存在教育理念滞后、范式传统单一、内容脱离实际、教育者综合素养有待提升等问题；徐晓丽(2021)指出高校现行马克思主义信仰教育自身存在一些亟待解决的突出问题，如重知识教育轻信仰教育、信仰教育机制不健全、部分教育者马克思主义信仰动摇。客观和主观并重论的代表性观点包括：徐秦法和磨桂芳(2016)将影响高校马克思主义信仰教育效果的因素归结为教育者、受教育者、教育介体以及教育环境四因子；王静仪(2018)提出环境要素、主体要素、教育要素均是影响大学生马克思主义信仰形成的主要因素。之所以产生观点分歧，主要是因为学者自身研究需要和关注差异。持客观论者并不一味否认主观问题的存在，而是更多地从社会环境视角关注相关问题；持主观论者也不完全否认客观问题的存在，而是更多地从教育主体视角分析相关问题；持客观和主观并重者，则侧重从综合视角全面研究相关问题。这种观点分歧是有益的，学术界没有产生一致的局面，便于学者从自身研究需要出发选择合适视角深入探讨问题。

4. 小结

本书研究借助 CiteSpace 6.1.R2 可视化分析工具，以中国知网收录的 475 篇文献为研究样本，综合运用文献计量与内容分析法探讨了新时代大学生信仰教育研究的整体概貌和热点论域，得出以下结论：

第一，在新时代党的政治建设需要和学术研究周期规律的驱动下，大学生信仰教育研究在 2013～2022 年经历了两轮高峰，包括 246 篇核心期刊论文、14 篇博士学位论文、215 篇硕士学位论文。发文量较多的期刊主要为思想政治教育类和教育学类，在一定程度上体现了大学生马克思主义信仰教育具有铸魂和育人相结合的双重属性。

第二，近 10 年该领域形成了一批具有影响力的代表作，既包括资深学者的优秀刊文，也不乏青年博士做出的重要贡献，构成了层次结构合理、具备发展潜力的优秀学术梯队。其中，具有马克思主义理论一级学科或者二级学科博士点的研究机构在成果产出上发挥了"领头雁"的作用。但不足之处在于，考察期内该领域未能形成较为成熟的核心作者群，且研究者之间的合作关系较弱，有待加快构建共创共享、持续稳定的学术共同体。

第三，相较于以往大学生信仰教育研究，近 10 年相关研究同样牢固坚持以马克思主义作为大学生信仰教育的核心内容，所不同的是在研究中频繁出现了"新时代""大数据""新媒体"等突现词，演进脉络涉及中国梦、伟大建党精神、共享教育等在新时代历史方位中生成的概念，说明相关研究更多的是紧密结合新时代条件下产生的新思想、新现象、新问题、新技术开展，在学术界不仅形成了马克思主义是一种科学信仰的普遍共识，而且致力于推进高校马克思主义信仰教育的时代化发展。

第四，当前该领域存在一些研究分歧，主要集中在大学生马克思主义信仰现状及其影响因素方面，具体体现为迷失论和健康论之间、客观论和主观论之间的观点争鸣，既深刻呈现了百年未有之大变局中高校意识形态工作的复杂性，也综合反映了新时代大学生信仰状况所出现的积极信号和潜在隐忧，更传递了中华民族伟大复兴这一历史任务对大学生信仰教育工作提出的更高要求。

(三)关于伟大建党精神融入大学生马克思主义信仰教育的研究

虽然学术界认识到伟大建党精神和大学生马克思主义信仰教育之间存在天然的紧密关联，但是伟大建党精神这一重大概念正式提出的时间不长，目前将两者相结合加以研究的直接成果还比较有限。相关直接成果有庞艳(2021)的《弘扬伟大建党精神　筑牢红色信仰根基》、徐泽辉(2021)的《弘扬伟大建党精神　铸牢信仰之魂》，以及俞科(2022)的《伟大建党精神与马克思主义信仰内涵的内在契合逻辑》。在庆祝中国共产党成立一百周年大会后不久，庞艳(2021)提出，学习贯彻习近平总书记"七一"重要讲话精神，感悟伟大建党精神思想伟力，对筑牢信仰根基具有重大现实意义和历史意义。徐泽辉(2021)认为继承和发扬伟大建党精神有利于铸牢信仰之魂。俞科(2022)认为伟大建党精神根植于马克思主义信仰，并从四个方面深入剖析了两者之间深刻的内在契合逻辑，即共同的科学世界观支撑、共同的实践价值取向、共同的革命斗争意志和共同的政治品质。

虽然直接成果有待丰富，但是间接成果相对较多，主要表现在将伟大建党精神融入高校思想政治教育方面。马克思主义信仰教育是我国高校思想政治教育的核心内容，思想政治教育亦是广泛意义上的马克思主义信仰教育，因此这里将伟大建党精神融入高校思想政治教育的相关成果视为关联密切的间接成果加以综述。相关成果主要从融入价值和融入路径两方面开展研究。

从融入价值来看，高忠芳(2021)较早认识到传承和弘扬伟大建党精神能够发挥其内蕴的思想政治教育价值，引领高校思想政治教育的正确方向，增强高校思想政治教育的感召力。周玉洁和游慧(2021)认为伟大建党精神融入高校思想政治教育不仅有助于从知、行、意、情四个方面培育大学生成长成才，而且对传承和弘扬伟大建党精神具有重要现实意义。王夏杰和商继政(2022)认为伟大建党精神具有丰富的思想政治教育价值，主要体现为可以引导青年学生坚定理想信念、激发青年学生肩负初心使命、强化青年学生甘于奉献意识、厚植青年学生爱党爱国情怀。邹国振(2022)认为伟大建党精神是高校思想政治教育的宝贵资源，有助于当代大学生坚定理想信念、培育爱国情怀、培养奋斗精神、提升品德修养。王管(2021)提出伟大建党精神孕育了中国共产党百年的生动实践，内含使命、担当、情怀三重意蕴，是大学生成长路上的"导航仪""指明灯"，具有较强的现实意义。张军成和周竞（2022）认为伟大建党精神对于加强高校思想政治教育具有明显的价值旨归作用，并从筑牢理想信念的人生根基、坚定爱党忠党的政治立场、践行为民服务三个方面予以论证阐述。潘平（2022）认为将伟大建党精神作为思政教育核心内容，有利于以其独特价值逻辑推动高校思想政治教育工作优化和创新，帮助大学生树立社会主义核心价值观，提升大学生民族认同感和文化认同感。孙国胜等（2022）提出伟大建党精神融入新时代高校思想政治教育，既是落实立德树人根本任务的时代命题，也是优化高校育人质量的现实需要，更是引领学生成才发展的客观要求。

从融入路径来看，周兰珍和刘金芝（2021）认为伟大建党精神融入高校思想政治教育首先要做到三个纳入，即纳入思政课程教学体系、纳入思政课程教学课堂、纳入思政课程质量评价；其次要开展多元融合教育，即将红色资源的政治功能、红色理论的引领功能、红色文化的育人功能融入思想政治教育实践；最后要通过打造线上线下融合的"红色课堂"、推行一体贯通的"红色学分"、打造多元协同的"红色机制"来共同建立"红色课程"模式，形成育人新机制。曹俊峰（2021）建议高校教师在思政课堂上通过主题结合、教师精讲、学生宣讲等综合方式阐释伟大建党精神。张晓婧和徐雅婷（2022）主张从高校课程教学、校园文化建设、社会实践活动三个渠道全面、切实地将伟大建党精神融入高校思想政治教育。季伟和万金城（2022）提出三个注重，即注重伟大建党精神阐释的学理性与大众化，注重伟大建党精神教育的深刻性与常态化，注重思想政治教育工作队伍的成长性与专业化。他们还明确了四点融入思路，即加强顶层设计，形成多维复调叙事；注重辐射示范，党建引领团学共振；推进内容创新，把握学生成长特征；优化传播路径，紧扣时代发展潮流。曾华平（2022）主张在尊重青年学生主体性、差异性的基础上将伟大建党精神融入学生成长成才全过程，在创建百年党史教学资源库的基础上将伟大建党精神融入思想政治理论课全过程，在开展校园文化建设、组织开展实践教学的基础上将伟大建党精神融入育人全领域。张甜甜（2022）认为将伟大建党精神融入大学生思想政治教育具有现实必要性和紧迫性，要把课程育人作为融入"主渠道"、实践育人作为融入"主阵地"、网络育人作为融入"主干线"。周璇(2022)主张把理想信念教育、爱国主义教育、挫折教育、道德自律教育作为融入重点，将课堂教学、校园文化、创新创业实践作为融入路径，推动伟大建党精神与思想政治教育各方面的有机结合。梁天歌(2022)提出从师德师风建设、教育教学质量评估范畴、文化育人等环节推动伟大建党精神融入高校思想政治教育工作。徐凌子等(2022)认为弘扬伟大建党精神要从知、信、行三方面入手，即通过课程教学、日常教育、校园文化和实践教育等途径融入青年学生思想政治教育。

二、文献简评

(一)已有研究取得的成绩

国内学者开展了较为丰富的相关理论研究和实证研究，认可高校教育是树立马克思主义信仰的关键，伟大建党精神与马克思主义信仰存在深刻的内在契合逻辑。现有成果呈现两个趋势：一是伟大建党精神的理论阐释逐渐深入，从含义解析扩展到理论溯源、价值意蕴；二是伟大建党精神的理论阐释逐渐向实践应用过渡，提出融入高校育人工作的思路和重点。虽然西方学者关于信仰教育的研究立足点和我国信仰教育有着本质区别，但是其注重全民教育、隐性教育与生活教育的方式方法值得我们批判地吸收和借鉴。总的来说，相关研究视角多元、内容日渐丰富，为本书进一步研究提供了重要思路和富有建设性的启迪。

(二)现有研究存在的不足

由于相关研究起步不久，因此现有研究存在一些不足之处，具体而言：一是伟大建党精神作为一个崭新的理论概念，其丰富内涵与马克思主义信仰紧密相连，但目前对两者间的耦合性挖掘分析得还不够，需要进一步拓展研究；二是已有研究多将伟大建党精神与大学生思想政治教育相结合，没有严格区分思想政治教育与马克思主义信仰教育，存在研究问题不够聚焦、研究内容较为宽泛的缺陷;三是已有研究较为缺乏将伟大建党精神融入高校马克思主义信仰教育方面的直接成果,"为什么融入""融入什么""如何融入"等相关基本理论与应用问题亟待深入阐释和探索解决。

(三)本书进一步研究的思路

按照"为什么融入""融入什么""如何融入"的逻辑主线,从伟大建党精神与高校马克思主义信仰教育的内在耦合性入手,结合新时代高校马克思主义信仰教育的现状及面临的挑战,推导出伟大建党精神融入高校马克思主义信仰教育的时代价值;通过解构伟大建党精神的内涵层面,剖析其中蕴含的丰富马克思主义世界观、价值观和实践观,阐明伟大建党精神融入高校马克思主义信仰教育的主要内容,并对抽象的精神内容进行时代化、具体化的时空情境重构;立足高校工作运转规律以及相关资源,探索伟大建党精神融入高校马克思主义信仰教育的实现机制和路径设计。

第三节 创新之处与研究方法

一、创新之处

(一)研究选题瞄准学术前沿,研究脉络体现问题导向

在中国共产党成立百年之际,习近平总书记总结、概括、提炼了我们党在百年奋斗历程中形成的伟大建党精神,这引起了相关学者的广泛热议与关注。本书研究瞄准了学者在探讨中有所认识但缺乏系统研究的前沿问题,即如何将集中体现了马克思主义世界观、价值观和实践观的伟大建党精神融入大学生马克思主义信仰教育。本书在认识伟大建党精神与马克思主义信仰教育之间高度耦合性的基础上综合研究"为什么融入""融入什么"

"如何融入"的问题。同时，本书对学术界在把握伟大建党精神内涵时较为关注的几个问题做了探讨，如伟大建党精神与中国共产党人精神谱系、红船精神之间的关系问题，以及如何认识在中国共产党百年华诞之际提出伟大建党精神等，本书对这些较为具体的学术问题做了集中阐述。

(二) 运用文献计量法与内容分析法对新时代大学生信仰教育文献开展可视化分析

本书将 CiteSpace 6. 1. R2 软件作为辅助工具，综合运用文献计量法和内容分析法对新时代大学生信仰教育文献开展可视化分析与信息挖掘。一方面，运用文献计量法，通过对文献发表数量、期刊发文与研究机构分布的统计准确把握了整体研究概况，通过绘制作者共现知识图谱、关键词共现网络图谱、时间线鱼眼图等形象展现了研究的动向特征；另一方面，运用内容分析法，从热点论域中深入考察了当前学术界形成的观点共识以及存在的观点分歧，并分析了观点分歧产生的相关原因，展望了大学生信仰教育的研究走向，为研究的创新推进提供可借鉴的切入点。

(三) 在新时代条件下构建伟大建党精神融入大学生信仰教育的内容体系

结合新时代条件和大学生实际，本书尝试对较为抽象的伟大建党精神内容时代化、具体化，主张坚持高举伟大建党精神旗帜，构建以马克思主义中国化时代化为中心，以爱国主义情怀、提升意志品质、马克思主义人民观为重点的信仰教育内容体系，推动实现伟大建党精神内容向大学生马克思主义信仰教育实践的时空情境转换，消弭一百年前青年人和当代大学生由历史情境差异所造成的思想鸿沟，促进伟大建党精神更好地融入新时代高校马克思主义信仰教育，帮助新时代大学生更好地理解和接受伟大建党精神内蕴的马克思主义信仰。

(四) 探索伟大建党精神融入新时代大学生马克思主义信仰教育的实践原则与创新路径

伟大建党精神实质与马克思主义信仰教育的要求、目标与内容等高度契合，为伟大建党精神融入大学生马克思主义信仰教育提供了天然的理论条件与实践优势。但是，这并不意味着在融入过程中可以不用讲究原则和方法。相反，在融入过程中，要充分运用这种天然的理论条件与实践优势，更要保障融入过程的规范有序。为此，本书探索构建了"坚持守正、力求创新""以生为本、精准施教""理论引导、落在实践""以史化人、结合时代"的施教原则。同时，本书坚持系统思维，以"三全育人"为理念，从学生党建工作、课堂教学、校园文化建设、社会实践活动、互联网新媒体、师资队伍建设等方面探索构建全方位的融入路径体系，为教育工作者将伟大建党精神科学而有效地融入大学生马克思主义信仰教育提供参考。

二、研究方法

（一）文本分析与调查分析相结合

马克思主义经典著作、中国共产党重要文献以及党中央历代领导集体的重要讲话都蕴含着本书所需的重要理论资源。国内外学者的相关研究成果也为本书提供了可借鉴的文献参考。本书在收集整理以上研究文献与历史资料的基础上，深入挖掘伟大建党精神的丰富内涵与时代价值，并以多所高校为调查对象，通过问卷调查新时代大学生马克思主义信仰教育面临的问题及挑战，为伟大建党精神融入大学生马克思主义信仰教育提供理论资源与现实依据。

（二）问题切入与对策研究相结合

习近平总书记指出："改革是由问题倒逼而产生的，又在不断解决问题中得以深化。"[①]可见，问题是学术研究的起点，其与对策相结合才能形成一个相对完整的研究循环。本书在学理分析的基础上，运用问题切入与对策研究相结合的方法将大学生马克思主义信仰教育面临的问题及挑战作为研究切入点，结合伟大建党精神的信仰教育功能，有针对性地提出伟大建党精神融入高校马克思主义信仰教育的主要内容、实现机制及路径设计。

---

① 习近平. 关于《中共中央关于全面深化改革若干重大问题的决定》的说明[N]. 人民日报，2013-11-16(1).

（三）历史分析与逻辑分析相结合

历史与逻辑相结合是马克思主义的辩证思维方法之一。历史进程与逻辑进程具有内在统一性，分析历史才能把握逻辑，把握逻辑才能更深刻分析历史。本书采用历史分析和逻辑分析相结合的方法，在宏观勾勒伟大建党精神形成过程与生成逻辑的基础上，深入分析伟大建党精神与大学生马克思主义信仰教育之间的耦合逻辑，并在一定历史范围内考察大学生的信仰问题，结合新时代背景探究伟大建党精神融入大学生马克思主义信仰教育的价值逻辑和实践理路。

第二章

伟大建党精神与马克思主义信仰教育的理论概述

学术研究的科学开展须以厘清概念和明晰理论为基本前提。黑格尔曾说："真正的思想和科学的洞见，只有通过概念所作的劳动才能获得，只有概念才能产生知识的普遍性。"①伟大建党精神、马克思主义信仰教育是支持本书深入开展研究的关键性概念，也是具有深刻内涵和丰富外延的理论对象，对其进行厘清和明晰就好像为本书这座高楼大厦打下坚实基础，既有利于避免因概念模糊而引发不必要的学术争议，也有利于在后续研究中正确分析问题和解决问题。

————————

① 黑格尔. 精神现象学(上卷)[M]. 贺麟，王玖兴，译. 北京：商务印书馆，1979：48.

第一节 伟大建党精神概述

一唱雄鸡天下白! 1921 年中国共产党成立是开天辟地的大事件,伟大建党精神也同时在这开天辟地的伟大历史篇章中淬炼而生。为较好地把握和阐释伟大建党精神的内涵和外延,这里分别从其生成逻辑、内涵意蕴、基本特征和需关注的几个问题等方面开展研究。

一、伟大建党精神的生成逻辑

(一)伟大建党精神形成的理论起点

伟大精神以伟大理论为起点。没有科学有力的理论作为支撑,人类任何实践活动产生的精神现象都难以传之久远、历久弥新。伟大建党精神的形成有着伟大的理论基础,这个理论基础就是马克思主义理论。近代中国,随着国外社会思潮的涌入和中华民族的逐渐觉醒,中国社会各阶层轮番提出各种救国方案,有"师夷长技以自强"的洋务运动,有主张"有田同耕,有饭同食,有衣同穿,有钱同使"的太平天国运动,有拥护君主立宪制的戊戌变法,有以"扶清灭洋"为口号的义和团运动,有以"三民主义"为指导思想的辛亥革命,但是都以失败告终。正当中国仁人志士因找不到救亡图存的出路而彷徨时,俄国十月革命一声炮响给中国送来了马克思列宁主义,一批中国先进分子敏锐认识到马克思主义理论的独特魅力,经过学习、研究以及反复的比较、论证,发现马克思主义理论以其鲜明的科学性、革命性、人民性、实践性和发展性显著区别于以往所有运动的指导理论,他们迅速成长为马克思主义者。早期马克思主义者杨匏安曾说道:"自马克思氏出,从来之社会主义,于理论及实际上,皆顿失光辉。"①随着五四

---

① 林代昭,潘国华. 马克思主义在中国:从影响的传入到传播(下)[M]. 北京:人民出版社,2021:8.

运动的爆发，中国早期马克思主义者积极广泛宣传马克思主义理论，为中国共产党的顺利创建、伟大建党精神的凝聚成形奠定了思想理论基础，使中国共产党在成立之初就能高举马克思主义理论大旗，引领工人阶级作为独立的政治力量走上历史舞台。

马克思主义作为伟大建党精神的理论来源，主要表现：一是马克思主义理论为伟大建党精神提供了真理力量。建党精神之所以伟大，是因为其力量磅礴，而这源于马克思主义的科学性。马克思主义创造性地揭示了人类社会发展的一般规律，作为历史主体的人，既懂得顺应历史发展大势，也能发扬主观能动性开展斗争。二是马克思主义理论为伟大建党精神提供了实践品质。建党精神之所以伟大，是因为其敢于开天辟地，而这源于马克思主义的实践性。马克思主义不是书斋里的学问，不是一种纯粹解释世界的学说，它从实践中来，到实践中去，不仅致力于科学解释世界，而且致力于积极改变世界。三是马克思主义理论为伟大建党精神提供了传承品质。建党精神之所以伟大，也因为其跨越时空、历久弥新，而这源于马克思主义的发展性。马克思主义不是脱离时代的僵化体系，它吸收人类最新的文明成果，让自己在时代的风云变幻中不断发展，始终立于时代前沿。四是马克思主义为伟大建党精神提供了价值遵循，即为绝大多数人谋利益。建党精神之所以伟大，还因为公者无私，中国共产党一经诞生就把为中华民族谋复兴、为中国人民谋幸福确立为自己的初心和使命，这源于马克思主义的人民性。马克思、恩格斯在《共产党宣言》中指出："过去的一切运动都是少数人的，或为少数人谋利益的运动。无产阶级的运动是绝大多数人的，为绝大多数人谋利益的独立的运动。"[①]这充分体现了马克思主义为全人类解放而斗争的政治立场。

（二）伟大建党精神形成的文化土壤

如果说马克思主义是伟大建党精神形成的理论种子，那么中华优秀传统文化就是伟大建党精神形成的文化土壤。中国早期优秀共产党人是坚定的马克思主义者，是在历史悠久、博大精深的中华优秀传统文化熏陶中成

---

① 马克思，恩格斯. 马克思恩格斯文集(第2卷)[M]. 北京：人民出版社，2009：42.

长起来的，他们深层次的精神世界及其在建党过程中形成的伟大建党精神都有着较为明显的中华文明烙印。

具体而言，这表现为以下几个方面：一是"坚持真理、坚守理想"根植于中华优秀传统文化的求真明志品质。在中华文化语境中，一般用"道"来表述世间万物的自然规律，也就是真理。老子讲："故道大，天大，地大，人亦大。域中有四大，而人居其一焉。人法地，地法天，天法道，道法自然。"本质上说的是，万事万物均遵循"自然而然"的规律①。《论语》中讲："朝闻道，夕死可矣。"这些鲜明地反映了古人对真理的渴望和迫切追求。《礼记》中讲"大道之行也，天下为公"的大同思想较为完整地反映了古人对美好社会的向往。也正是"朝闻道，夕死可矣""大道之行也，天下为公"等厚重文化土壤，滋养了近代中国共产党人孜孜不倦探索马克思主义真理、追求共产主义信仰的精神动力。二是"践行初心、担当使命"根植于中华优秀传统文化的爱国担当品质。爱国情怀和担当是中华优秀传统文化的重要精神标识，南宋诗人陆游就曾表达浓烈的爱国情怀和社会担当："位卑未敢忘忧国，事定犹须待阖棺""僵卧孤村不自哀，尚思为国戍轮台"。明末清初思想家顾炎武在《日知录·正始》中写道："保国者，其君其臣肉食者谋之；保天下者，匹夫之贱与有责焉耳矣。"此旨在说明每个普通人对天下苍生、民族兴亡都有着义不容辞的责任。近代以来人们将这种浓烈的爱国情怀和社会担当浓缩为"天下兴亡，匹夫有责"，时刻激励着仁人志士抵御外族入侵、谋求民族独立，也催生了中国共产党人"为中国人民谋幸福、为中华民族谋复兴"的初心和使命。三是"不怕牺牲、英勇斗争"根植于中华优秀传统文化的舍生取义品质。中华文化自古就把杀身成仁、舍生取义奉为崇高气节，《论语》中说："志士仁人，无求生以害仁，有杀身以成仁。"《孟子》中说："生，亦我所欲也；义，亦我所欲也。二者不可得兼，舍生而取义者也。"还有岳飞的"以身许国，何时不可为"，以及南宋诗人文天祥的"人生自古谁无死，留取丹心照汗青"，这些文化基因早已嵌入国人骨髓与血脉之中，深深滋养了中国共产党人"砍头不要紧，只要主义真"等视死如归的政治气节和顽强奋斗的斗争精神。四是"对党忠诚、不负人民"

---

① 郭庆松. 论伟大建党精神的双重禀赋[N]. 光明日报，2021-08-27(10).

根植于中华优秀传统文化的忠诚、民本品质。敬忠诚、重民本是中华优秀传统文化的优秀品质。古人云："天下之德，莫过于忠"；"吾日三省吾身：为人谋而不忠乎？与朋友交而不信乎？传不习乎？"这些都传达了古人对忠诚的崇尚之情。还有《孟子》中的"民为贵，社稷次之，君为轻"、《荀子》中的"水能载舟、亦能覆舟"等都表达了中华民族传统的民本思想。百年来，中国共产党人不仅将"对党忠诚"写进入党誓词中，而且用实际行动对"不负人民"做出了掷地有声的回答，既继承了中华优秀传统文化敬忠诚、重民本的优秀品质，也成功将敬忠诚与重民本高度统一起来，忠诚于党就是忠诚于党的人民立场。

(三) 伟大建党精神形成的阶级基础

中国共产党是工人阶级的先锋队，工人阶级则始终是中国共产党最坚实、最可靠的阶级基础。伟大建党精神只有依托蓬勃兴起的工人运动才能展现出改天换地的无穷力量。近代以来，随着外国资本在中国直接开办工厂、洋务运动创办企业和民族资本家致力于民族工商业，中国工人阶级开始产生并发展起来。据统计，在 1919 年五四运动前夕，全国工人数量达200 万人以上，其中邮电工人 3 万名，海员 15 万名，汽车、电车工人 3 万名，搬运工人 30 万名，中国工厂工人 60 万名，外国资本在华工厂工人23.5 万名，矿山工人 70 万名，建筑工人 40 万名。[①] 这说明在中国共产党成立之时，我国工人群体逐渐发展为数量成规模、作用不可忽视且保持迅速成长态势的独立阶级。中国工人阶级和世界各国工人阶级一样，是新的生产力的代表，是具有远大前途的社会阶级，具有诸多优点：他们在大工业生产中形成了较强的组织性和纪律性，善于团结协作，且由于不占有生产资料而富有坚定和彻底的革命性。同时，处于半封建半殖民地社会的中国工人阶级还有一些特殊优点：一是他们深受帝国主义、封建主义、官僚资本主义"三座大山"的剥削压迫，生活极端困苦、地位极其低下，因而具有更为迫切的革命愿望；二是虽然从总体上看，当时工人阶级数量偏少，但是他们的分布非常集中，大多分布在上海、广州、香港、天津、青岛、

---

① 刘明逵. 中国工人阶级历史状况(第 1 卷第 1 册)[M]. 北京：中共中央党校出版社，1985：122.

武汉等大城市，便于团结、动员起来开展革命斗争活动；三是中国工人阶级大多出身于破产的手工业者和农民家庭，与占全国总人口 80% 的农民有着天然联系，非常了解贫苦农民的疾苦和需求，便于和农民一起组成广泛的工农联盟开展革命斗争活动。① 中国工人阶级虽然具有诸多优点，但是也存在文化水平低、受封建意识侵蚀较深等缺点。为了让具有诸多优点的中国工人阶级早日成长为中国革命的先锋队，中国早期共产党人在社会上积极办报办刊广泛宣传马克思列宁主义，且深入工人队伍中创办工人补习学校、帮助工人建立工会，用无产阶级革命思想提高工人觉悟、增进工人团结、指导工人运动，有效促进了马克思主义和工人运动相结合。尤其是在五四运动前后，中国工人运动此起彼伏，各种形式的罢工、示威等斗争活动逐渐成规模，社会各界开始感受到工人阶级队伍所蕴藏的强大力量。著名无产阶级革命家、教育家吴玉章曾感慨道："以往搞革命的人，眼睛总是看着上层的军官、政客、议员，以为这些人掌握着权力，千方百计运动这些人来赞助革命。如今在五四群众运动的对比下，上层的社会力量显得何等的微不足道。在人民群众中所蕴藏的力量一旦得到解放，那才真正是惊天动地、无坚不摧的。"②中国工人阶级的快速成长为中国共产党的成立奠定了坚实阶级基础，其在工人运动中表现出的坚定革命性和彻底斗争性为伟大建党精神的形成提供了丰富营养。

(四) 伟大建党精神形成的实践凝聚

伟大建党精神是中国共产党先驱在建党实践中淬炼形成的。为期 10 天左右的中共一大宣告了中国共产党正式成立，但是实际建党经历了更长时间、更为复杂、更为艰险的探索和酝酿过程，伟大建党精神是在这个过程中淬炼而成的。这个过程大体可以分为三个阶段：一是思想统一阶段。俄国十月革命的成功实践让中国先进分子看到了一种新的社会形态的诞生，也让他们看到了解决中国问题的曙光——马克思列宁主义。在这些先进分子中，李大钊最早举起社会主义大旗，接连撰写了《法俄革命之比较观》《庶民的胜利》《Bolshevism 的胜利》等著名文章，并和陈独秀一道把北大红

① 吕延勤，赵金飞. 红船精神 [M]. 北京：中共党史出版社，2019：32.
② 吴玉章. 吴玉章文集(下卷) [M]. 重庆：重庆出版社，1987：1065.

楼办成了传播新思想、新文化和宣传马克思主义的阵地。同时，马克思、恩格斯、列宁的部分著作中译本开始出版，其中有陈望道译的《共产党宣言》、李季译的《社会主义史》、恽代英译的《阶级争斗》。在这些影响下，毛泽东、周恩来、蔡和森、瞿秋白、邓中夏、高君宇、范鸿劼、何孟雄、缪伯英、张太雷、王尽美、赵世炎等一大批先进分子在思想上选择了马克思主义，产生了改造中国社会的决心，形成了一个共产主义的知识分子群体。二是早期组织阶段。中国先进分子有了思想上的共识与决心之后，在共产国际的帮助下，以 1920 年组建马克思学说研究会和社会主义青年团为开端，在上海、北京率先成立中国共产党的早期组织，而后又在中国武汉、长沙、济南、广州以及法国巴黎等地秘密成立了共产主义小组，会聚了一批理想高、情怀深、革命自觉性强的成员。这些组织成立后，早期马克思主义者队伍不断壮大，在实践活动中经受了一定的锻炼，进一步凝聚了精神、提升了共识，为正式建党做好了较为充足的准备。三是正式建立阶段。1921 年 7 月，13 名来自各地的代表风尘仆仆齐集上海参加中国共产党第一次全国代表大会，会议期间虽有波折险阻，但最终胜利完成了各项议程，通过了中国共产党的纲领和决议，确定党的名称为"中国共产党"，并选举产生了党的中央领导机构，标志着中国无产阶级政党登上了历史舞台。在这整个建党实践过程中，中国共产党先驱的马克思主义信仰、救国救民的初心、不畏艰险的意志展露无遗，中国共产党的伟大建党精神也随之凝聚成形。

二、伟大建党精神的内涵意蕴

伟大建党精神是在近代中国空前复杂、较长时期的社会历史环境中淬炼形成、磨炼完善的，不仅形成于中国共产党的创建过程中，而且在中国革命、建设、改革和新时代的伟大奋斗实践中不断发扬光大、代代相传。伟大建党精神内涵丰富、维度分明，主要表现为"坚持真理、坚守理想"的求真向美追求、"践行初心、担当使命"的务实笃行作风、"不怕牺牲、英勇斗争"的无畏不屈意志、"对党忠诚、不负人民"的大公无私品格，这四个精神维度从不同方位共同支撑起伟大建党精神，集中体现了马克思主义的世界观和方法论。

（一）"坚持真理、坚守理想"彰显了中国共产党人求真向美的高尚追求

真理铸就理想，理想照耀征途。"坚持真理、坚守理想"就是坚持马克思主义的科学真理、坚守共产主义的崇高理想，彰显了中国共产党人求真向美的高尚追求。

"坚持真理"，首先是认识真理。马克思主义以深邃的洞察力揭示了自然界、人类社会、人类思维发展的普遍规律，以宽广的视野、长远的眼光成为引领人类社会进步的普遍真理。中国共产党先驱通过总结历史经验教训、立足当下革命实践、放眼观看世界局势，经过反复研究、探索和比较深刻认识到马克思主义真理的力量。其次是掌握真理。为了深入理解和掌握马克思主义的立场、观点和方法，中国共产党人始终重视马克思主义理论学习，坚持以马克思主义理论指导中国革命、建设和改革实践，在实践中不断丰富和发展马克思主义。最后是捍卫真理。无论是在世界社会主义运动事业的高潮还是低谷，无论帝国主义和资产阶级敌人如何极力歪曲、否定和抹黑马克思主义，中国共产党人都没有放弃马克思主义立党立国的指导地位。

"坚守理想"，首先是高举共产主义理想旗帜。共产主义是马克思、恩格斯在把握人类社会发展规律的基础上对人类未来美好社会的科学构想，代表了人类未来发展的必然趋势，是共产党人开展社会主义运动事业必须高举的理想旗帜。其次是把远大理想和共同理想有机结合起来。邓小平同志指出，实现共产主义还"需要我们几代人、十几代人甚至几十代人坚持不懈地努力奋斗"[①]。在这个较长的过程中，中国共产党人给自己设定了阶段性理想，深刻认识到追求最高理想必须从当下实际出发、从实现最近的目标开始。在革命时期，中国共产党将新民主主义革命视为党的最低纲领。到了社会主义建设时期尤其是改革开放时期，中国共产党将推进中国特色社会主义伟大事业作为阶段理想，坚持把共产主义的远大理想、中国特色社会主义的共同理想以及中华民族伟大复兴的中国梦结合起来，正如习近平总书记所言："深刻认识共产主义远大理想和中国特色社会主义共

---

① 邓小平. 邓小平文选（第三卷）[M]. 北京：人民出版社，1993：379-380.

同理想的辩证关系，既不能离开发展中国特色社会主义事业、实现民族复兴的现实工作而空谈远大理想，也不能因为实现共产主义是一个漫长的历史过程就讳言甚至丢掉远大理想。"①

总之，"坚持真理、坚守理想"意蕴深远，既回答了中国共产党建党"求什么"的问题，也将历史、现实和未来相互贯通，深刻体现了马克思主义真理观。

(二)"践行初心、担当使命"彰显了中国共产党人务实笃行的优良作风

马克思在国际共产主义重要文献《哥达纲领批判》中写道："一步实际运动比一打纲领更重要。"②这一著名论断突出了行动的重要性与进步意义，也反映了马克思主义不是书斋里的学问，而是要走出书斋、走进社会、走入斗争、奔向美好的，因为"物质力量只能用物质力量来摧毁"③。"践行初心、担当使命"就是践行、担当"为中国人民谋幸福、为中华民族谋复兴"的初心和使命。它包含两层含义，一是为什么践行、担当。救亡图存是近代中国最为迫切的历史任务，众多仁人志士从学造器物的洋务运动到仿行制度的辛亥革命都试图改变近代中国的悲惨境遇，但是始终没能改变中国半殖民地半封建的社会性质，也没能实现众人所期盼的民族独立、人民解放。究其原因，它们是为少数人谋利益的运动或者沦落为少数人谋利益的工具。面对漫漫长夜，中国共产党先驱正确选择了为多数人谋利益的马克思主义，真正将民族独立、人民解放视为己任，并以"一万年太久、只争朝夕"的迫切心情用马克思主义的思想支点撬动了波澜壮阔的中国革命史。二是如何践行、担当。中国共产党在领导全国人民开展革命、建设、改革和新时代中国特色社会主义实践的历史进程中，没有把马克思主义当作教条来照抄照搬照执行，而是领悟和继承了马克思主义的实践品格，以实事求是的态度把马克思主义普遍真理和中国具体实际结合起来践行初心，以勇于自我革命的气魄永葆共产党人的初心本色，以强烈的责任感把中华民族推向复兴的历史高峰，以高度的使命感实现了中国人民从站起来、富起

---

① 习近平. 习近平谈治国理政(第三卷)[M]. 北京：外文出版社，2020：505-506.
② 马克思，恩格斯. 马克思恩格斯文集(第3卷)[M]. 北京：人民出版社，2009：426.
③ 马克思，恩格斯. 马克思恩格斯文集(第1卷)[M]. 北京：人民出版社，2009：11.

来到强起来的历史飞跃，用伟大实践深刻回答了中国共产党立党"为什么"的问题。

(三)"不怕牺牲、英勇斗争"彰显了中国共产党人无畏不屈的革命意志

革命时期，毛泽东同志就曾一针见血地指出："什么叫工作，工作就是斗争。"①这既体现了马克思主义者的斗争思维，也表明了中国共产党人工作的风险性，因为有斗争就会有牺牲。然而，中国共产党人在建党之时就已做好斗争准备，例如，10 多名代表在中共一大上面对夜闯会场的不速之客时表现出高度警惕性，继而立即停止会议并做出了转移到南湖红船的周密安排，充分表明了建党工作的斗争性，以及中国共产党人"不怕牺牲、英勇斗争"的坚强意志。

"不怕牺牲、英勇斗争"，就是面对艰难险阻乃至生死考验时，中国共产党人不畏惧、不动摇、不退缩、敢于斗争的宝贵品质。从中国共产党诞生起，"不怕牺牲、英勇斗争"就熔铸在党的精神血脉中，并贯穿党领导全国人民开展革命、建设和改革的百年奋斗历程中，是中国共产党人用鲜血和生命对兴党"凭什么"问题做出的最好诠释。在革命时期，面对"三座大山"的重压、敌人的四面围剿以及敌强我弱的悬殊，中国共产党人涌现出一大批放弃个人幸福、舍生忘死的革命志士，有为革命舍弃旧军阀高级军官职务而坚定追随党的朱德、贺龙，也有"怕死不当共产党"的刘胡兰，还有"头可断，血可流，工不可复"的林祥谦，以及"砍头不要紧，只要主义真"的夏明翰等。在社会主义建设时期，有"宁肯少活二十年，拼命也要拿下大油田"的王进喜，还有"活着我没有治好沙丘，死了也要看着你们把沙丘治好"的焦裕禄等。在改革开放时期，有"青山处处埋忠骨，一腔热血洒高原"的孔繁森，有"一个接受过教育的女娃，能够影响三代人"的张桂梅，还有"中国要由大国变成强国，需要有一批'科研疯子'"的黄大年等。"不怕牺牲、英勇斗争"蕴藏着无穷伟力，既体现了中国共产党在百年征程中迎难而上、奋勇向前的大无畏气概，也为奋进新征程注入不竭的精神动力。

---

① 毛泽东. 毛泽东选集(第四卷)[M]. 北京：人民出版社，1991：1161.

(四)"对党忠诚、不负人民"彰显了中国共产党人大公无私的政治品格

"对党忠诚、不负人民"是伟大建党精神的价值旨归，是中国共产党事业生生不息的重要保证。正如习近平总书记于2015年在给原国家测绘地理信息局第一大地测量队6位老党员的回信中所指出的："党的事业，人民的事业，是靠千千万万党员的忠诚奉献而不断铸就的。"①"对党忠诚、不负人民"，实质就是对党一心一意，为民全心全意，两者是相互联系、并行不悖的有机统一体。百年来，中国共产党靠着"对党忠诚、不负人民"团结了党、团结了人民，把"一盘散沙"拧"沙"成绳，取得了事业上的不断胜利。

"对党忠诚"是中国共产党人的基本政治要求，包含三方面意思：一是永不叛党。中国共产党第一份入党誓词就明确将"永不叛党"作为每个党员的政治约束，后来又将其写入党章并保留至今，坚持强调党员对党忠诚的义务，要求每位党员遵守党的纪律和严守党的秘密，绝对不能做任何有损党的事情，时刻保持自身党性不变质、不变色、不变味。二是为党尽责。在日常工作中坚定拥护党的领导核心，坚决贯彻执行党的路线、方针、政策和决议，对党的工作部署不讲条件、不打折扣、不搞变通，做到自觉为党分忧、为党担责。三是随时准备为党和人民牺牲一切。为了党和人民的利益可以牺牲自己的利益甚至生命，这是"对党忠诚"的最高体现，也是优秀共产党员的宝贵品格。

"不负人民"就是不负人民的支持，始终与人民群众的合力方向保持一致。这是中国共产党的最大政治优势，也深刻体现了中国共产党和人民群众之间的血肉联系，正如习近平总书记对共产党员的谆谆教导："永远保持同人民群众的血肉联系，始终同人民想在一起、干在一起。"②"不负人民"包含两方面意思：一是赢人民群众之心。在革命战争时期，中国共产党人依靠土地改革工作赢得了广大人民群众的真心拥护，取得了新民主主义革命胜利。在社会主义建设时期和改革开放时期，通过大力提升综合国

① 习近平. 在党爱党在党为党 忠诚一辈子奉献一辈子——习近平总书记给国测一大队老队员老党员的回信[J]. 党史纵横, 2015(8)：1.

② 习近平. 习近平谈治国理政(第四卷)[M]. 北京：外文出版社, 2022：15.

力、改善人民生活水平赢得了广大人民群众的衷心支持。二是守人民群众之心。在新时代，习近平总书记用"江山就是人民，人民就是江山"深切表达了守人民群众之心的重要性。中国共产党人在前进道路上始终与人民心心相印、与人民同甘共苦，坚持接受人民群众的监督和批评，这是中国共产党在新征程书写千秋伟业的坚强保障。

三、伟大建党精神的基本特征

（一）持续的时代先进性

伟大建党精神虽然形成于 100 年前，但是它像一团不熄的火焰，薪火相传、跨越时空、历久弥新，始终是中国共产党人的精神家园，也是中华民族共有的精神家园，这正是因为它具有时代先进性。这种时代先进性主要表现为三个方面：一是精神信仰的时代先进性。伟大建党精神在淬炼伊始就闪耀着马克思主义信仰的先进性光芒，其来源于马克思主义理论的科学真理，接受了人类最先进的世界观和方法论，鼓舞中国人民开启民智、寻求觉悟，吸引了许多中国志士的忠实追随，使得中国共产党显著区别于当时国内其他任何政治力量，在多个政党中脱颖而出并迅速成长为中国革命的中流砥柱。一百年间，随着马克思主义和中国具体实际、中华优秀传统文化的深入结合，马克思主义理论光芒不仅没有随着时代变迁而暗淡，还随着中国特色社会主义的繁荣发展变得愈加璀璨，也为伟大建党精神保持持续而鲜明的时代先进性提供了光芒之源。二是精神品格的时代先进性。人民立场是伟大建党精神的宝贵品格，也是其时代先进性的集中体现。只有站在人民一边，才不会被历史淘汰、被时代抛弃。中国共产党在成立之时只是一个党员数量很少的政党组织，在当时国内众多政党组织中可以说并不起眼，但是它敢于为人民出场、为人民发声、为人民担当，从而在历史风云的大浪淘沙中成长为党员数量位居世界第一的执政党，以人民满意的答卷回答了时代之问，不仅引领中国，而且深刻影响世界。三是精神意志的时代先进性。中国共产党的成立以及伟大建党精神的形成是近代国人精神意志的转折点，其带领国人开始走出颓废的精神状态，逐渐挺起中华民族不屈的精神脊梁。伟大建党精神在精神意志上的先进性，使国人在中国共产党的领导下敢于和强敌开展革命性的英勇斗争，也敢于和社会不公开现象展开彻底性的英勇斗争，时至今日仍然激励着全体中华儿女为实现中华民族伟大复兴而奋斗。

(二) 鲜明的时代实践性

马克思在《关于费尔巴哈的提纲》中提到，"哲学家们只是用不同的方式解释世界，而问题在于改变世界"①，一针见血地指出了以往哲学家停留于维护现实社会秩序、忽视解决现实问题的弊病，体现了马克思主义理论鲜明的实践性。这种鲜明的实践性不是脱离社会历史发展实际的盲目实践，而是尊重历史发展规律、解决社会现实问题、达成时代发展需要的理性实践。中国共产党继承和发扬了马克思主义鲜明的实践开拓性，成为了一个既具有理论先进性，又致力于"改变世界"的实践型政党，并将这种实践性熔铸到了伟大建党精神密码中，形成了中国共产党人特有的集体意识。

一方面，伟大建党精神是时代实践的产物。伟大建党精神虽然是高度理论化的精神现象，但是建立在中国共产党伟大实践基础之上。在建党伊始，中共二大通过的《关于共产党的组织章程决议案》就明确了自身的实践定位，中国共产党不是"知识者所组织的马克思学会"，也不是"少数共产主义者离开群众之空想的革命团体"，而"应当是为无产阶级做革命运动的急先锋"②。不仅如此，刚诞生不久的中国共产党敢于把当时中国面临的最大时代难题作为实践对象，将"为中国人民谋幸福、为中华民族谋复兴"作为实践目标，并制定了不同层次的实践纲领，充分体现了伟大建党精神发轫于中国共产党创建的伟大实践，具有鲜明的时代实践性。

另一方面，伟大建党精神随时代实践检验和发展。伟大实践产生了伟大建党精神，伟大建党精神则反过来引领伟大实践，并且在引领伟大实践中接受了时代检验。例如，"左"倾主义和右倾主义曾多次困扰着中国共产

---

① 马克思，恩格斯. 马克思恩格斯文集(第1卷)[M]. 北京：人民出版社，2009：502.
② 中共中央文献研究室，中央档案馆. 建党以来重要文献选编(1921—1949)(第一册)[M].
北京：中央文献出版社，2011：162.

党人的前进，但是为什么每次都最终能够纠偏路线呢？因为中国共产党人具有与生俱来的红色基因——伟大建党精神，遇到错误能够"坚持真理、坚守理想"，遇到挫折能够"践行初心、担当使命"，遇到险阻能够"不怕牺牲、英勇斗争"，遇到考验能够"对党忠诚、不负人民"。伟大建党精神不仅接受了时代检验，而且在中国共产党人长期实践中形成了更加丰富的精神内涵和更加崇高的历史地位，也随着时代发展越发成为构筑中国共产党人精神谱系的稳固基石，使其无论是在战争年代还是在和平年代，都能够成为中国共产党人伟大实践的精神支撑。

(三) 强烈的历史主动性

在中华人民共和国成立前夕，毛泽东同志在《唯心历史观的破产》中回首革命历程、批驳艾奇逊时指出："自从中国人学会了马克思列宁主义以后，中国人在精神上就由被动转入主动。"[①]在马克思列宁主义指导下孕育而生的伟大建党精神具有强烈的历史主动性，其全方位展示了国内同时期其他政治派别所不具备的历史主动和政治担当，主要体现为三个方面：一是党对历史规律的主动把握。唯物史观认为，人类社会历史发展不是由某种神秘精神意志随意主宰的，而是有其客观规律可循的。在近代中国动荡的历史洪流下，中国共产党主动探究马克思主义真理、认清世界变革大势、调查中国社会实际，既科学认识了在社会基本矛盾驱动下的社会形态变更规律，也准确把握了当时中国存在的社会主要矛盾及其变化，体现了中国共产党对历史规律的科学认识和主动把握。二是党对历史发展的主动作为。认识和把握历史规律是基础，主动作为是关键。中国共产党具有高度的历史自觉性，在顺应世界大势的基础上充分发挥"敢为天下先"的主观能动性，在中国没有先例可循的情况下主动扛起马克思主义大旗，主动将理论付诸中国革命、建设和改革实践，以崇高的历史使命感持续激活人民群众的历史创造者力量，通过艰苦卓绝的拼搏、坚持不懈的努力团结带领人民群众创造了百年伟大成就。三是党对历史选择的主动求变。中国共产党在不同历史时期的重要关头善于识变、主动求变、科学应变，充分体现

---

① 毛泽东. 毛泽东选集(第四卷)[M]. 北京：人民出版社，1991：1516.

了历史主动性。在指导思想上，当其他政治组织的救国方案失败后，中国共产党善于识变，最终选择了马克思主义真理。在革命道路上，面对重大挫折，中国共产党主动求变，摸索出一条"农村包围城市、武装夺取政权"的具有中国特色的革命道路。在发展道路上，中国共产党不照搬照抄他国发展模式，而是科学应变、独立自主探索出中国特色社会主义的正确发展道路。在从严治党上，中国共产党主动向群众身边的腐败和不正之风亮剑，以"得罪千百人、不负十四亿"的决心营造了新时代风清气正的政治生态。

(四) 坚定的人民立场

伟大建党精神提出的"对党忠诚、不负人民"具有坚定的人民立场性。"对党忠诚"就是忠于党的人民立场，忠于党的人民事业，这集中表现在中国共产党没有自己的特殊利益，始终把最广大人民的根本利益作为一切工作的出发点和落脚点，甚至为了人民利益可以牺牲个人利益。曾有人质疑，早期中国共产党人闹革命是为生活所迫，然而事实却相反，中国共产党人闹革命是为了让中国群众过上好日子。中国共产党的主要创始人陈独秀和李大钊在建党时期担任北京大学教授，有着常人羡慕的身份地位和可观的薪资待遇，然而为了绝大多数中国人的利益，他们甘于放弃优越生活，不惜冒着生命危险为党组织创建工作奔走呼吁。陈独秀在建党之初就强调，中国共产党"比他党更要首先挺身出来为劳动阶级的利益而奋斗而牺牲""共产党员自身若有利用劳动运动而做官而发财的行为，或当劳动运动危急时畏缩不前，共产党便应该立刻驱逐这种的败类的党员出党而毫不顾恤。必如此才算是真的共产党，不然便是假共产党"[①]。早期农民运动领导者澎湃出身于工商地主家庭，从小就过着锦衣玉食的生活，在接受了马克思列宁主义思想后，为了中国绝大多数人的利益，把自己在家中分得的田契全部当众烧毁，并对佃户宣布："日后自耕自食，不必再交租谷。"作为中国共产党人，毛泽东同志将全心全意为人民服务作为中国共产党的根本宗旨；改革开放时期的总设计师邓小平同志主张把人民拥护不拥护、人民赞成不赞成、人民高兴不高兴、人民答应不答应作为党各项工作的准

---

① 陈独秀. 陈独秀文章选编(中)[M]. 北京：生活·读书·新知三联书店，1984：182-183.

绳；新时代习近平总书记强调，"人民对美好生活的向往，就是我们的奋斗目标"。① 可见，伟大建党精神的人民立场在中华民族赓续传承中不断发扬光大，百年来未曾动摇过。

四、深刻把握伟大建党精神内涵需关注的几个问题

(一)伟大建党精神与中国共产党人精神谱系的关系辨析

纵观百年非凡奋斗历程，我们党不仅在创建过程中形成了伟大建党精神，而且在往后不同历史时期的风高浪急、惊涛骇浪中形成了井冈山精神、长征精神、遵义会议精神、延安精神、西柏坡精神、红岩精神、抗美援朝精神、"两弹一星"精神、红旗渠精神、特区精神、抗洪精神、抗震救灾精神、抗疫精神等一系列感天动地的伟大精神，共同构筑起中国共产党人丰饶的精神家园——中国共产党人精神谱系。

党的二十大报告明确提出"弘扬以伟大建党精神为源头的中国共产党人精神谱系"，深刻揭示了伟大建党精神与中国共产党人精神谱系之间存在源与流的关系。流是源的衍生，源是流的起点，这种源与流的关系主要体现在三个方面：一是伟大建党精神是中国共产党人精神谱系的历史源头。两者不仅在历史坐标上具有前后相继性，而且在内核基因上是一脉相承的。我们党自成立以来既没有改旗易帜，也没有封闭僵化，始终坚持正确方向一以贯之，其间形成的各种各样的精神都是从伟大建党精神内核中汲取养分再逐渐繁衍生长、绵延不绝的，伟大建党精神为丰富的中国共产党人精神谱系提供了强健的发达根系和优异的母体基因。二是伟大建党精神是中国共产党人精神谱系的高度凝练。伟大建党精神集中反映了中国共产党人的指导思想、目标追求、精神意志和道德情怀，突出体现了中国共产党人恒定的精神特质，"为精神谱系提供了普遍原理，规定了思想内核"②，是内容丰富、形式多样的中国共产党人精神谱系的精辟概括和高度

---

① 习近平. 习近平著作选读(第一卷)[M]. 北京：人民出版社，2023：60.

② 高立伟. 从这里生发的红色精神密码[EB/OL]. (2021-06-04)[2023-12-23]. https://m.gmw.cn/baijia/2021-06/04/34899013.html.

凝练。三是伟大建党精神是中国共产党人精神谱系的核心脉络。中国共产党人精神谱系内容庞大、炫目多彩，同时也是一个形散而神不散的紧密体系。在这个体系中，伟大建党精神就像一条强健有力、绵延伸展的核心脉络，一以贯之地引导形式多样的伟大精神朝着社会主义繁荣发展的方向出发和前进，最终将其串联成一个内容衔接、前后相续、层次分明的复杂系统，为中国共产党人精神谱系奠定了绵延不绝、日渐丰富的基调。

（二）伟大建党精神与红船精神的关系辨析

1921 年初，中国共产党第一次全国代表大会在浙江嘉兴南湖的一条游船上胜利闭幕，庄严宣告中国共产党的成立，这条游船因而获得了一个永载中国革命史册的名字——红船。红船见证了中国历史上开天辟地的大事变，极具历史意义。2005 年 6 月 21 日，习近平总书记在《光明日报》发表署名文章《弘扬"红船精神" 走在时代前列》，第一次公开阐述"红船精神"。在文章中，习近平总书记指出红船精神是中国革命源头的象征，并将其概括为：开天辟地、敢为人先的首创精神；坚定理想、百折不挠的奋斗精神；立党为公、忠诚为民的奉献精神。可见，红船精神与伟大建党精神高度契合、紧密关联，但又有差别，具有不同的历史地位，不能相互取代。一方面，从时空范围来看，伟大建党精神形成于中国共产党建党的整个时期，包括理论准备、实践筹备以及正式建党等阶段，同时发扬光大于中国共产党革命、建设和改革全过程，它不是局限于某个具体时空场景的精神标识，既代表中国共产党创建之时的精神，也适用于中国共产党百年建设的整个历史时空。红船精神则聚焦于中共一大与嘉兴南湖这个特定的历史时空坐标，是指中国共产党创建之时的精神，集中反映创建党的具体实践。另一方面，从价值来看，红船精神与伟大建党精神都形成于中国共产党创建时期，毛泽东同志曾形象地将南湖红船比喻为中国共产党的"产床"。习近平总书记也指出："上海党的一大会址、嘉兴南湖红船是我们党梦想起航的地方。"[①]因此，伟大建党精神和红船精神在"诞生""起航""走向"意义上具有共同价值。区别在于：伟大建党精神是中国共产党精神谱

---

① 习近平．习近平谈治国理政（第三卷）[M]．北京：外文出版社，2020：498.

系之源，是中国共产党人精神的高度概括，不仅具有起点意义，还具有统领价值，贯通中国共产党的历史、现实和未来；红船精神则是中国共产党人众多精神明珠中的一颗，与日后形成的井冈山精神、苏区精神，以及中华人民共和国成立以来的抗美援朝精神、改革开放精神、脱贫攻坚精神、抗疫精神等都有着明显的历史阶段性特点，但其所处的历史节点相对特殊，因此更多呈现时间脉络上的起航意义。

(三)如何认识在中国共产党百年华诞之际提出伟大建党精神

伟大建党精神在一百年前中国共产党创建时期就已形成，为何在中国共产党百年华诞之际才正式提出来？关于这个问题，我们可以从三个方面理解：一是一百年前的客观存在和一百年后的概念提炼并不矛盾。虽然伟大建党精神从建党时期起就客观存在，但是这并不意味着在当时就要对这种精神进行高度的概念提炼，正如万有引力原理存在的客观性并不会受万有引力定律提出早晚的影响。因为重大的、源头性的概念提炼是需要过程的，其不仅需要依托建党实践活动的具体开展，还需要较长时期的党的建设实践来检验。列宁就曾指出，"理论由实践赋予活力，由实践来修正，由实践来检验"①，因此在中国共产党百年华诞之际提出伟大建党精神，既反映了马克思主义的科学认识论，也体现了马克思主义"从后思索"的思维方法论，即"这种思索是从事后开始的，就是说，是从发展过程的完成的结果开始的"②。二是在中国共产党百年华诞之际提出伟大建党精神是历史发展的必然结果。经过百年历史跨越，我们党构筑起丰富的中国共产党人精神谱系，形成了更加主动的精神力量，具备了更好诠释中国共产党人精神谱系源头的历史条件，此时明确提出伟大建党精神是中国共产党百年建设与辉煌发展的必然结果，标志着"我们党对自身历史的认识和总结达到了一个新高度，对自身性质和宗旨的理解和把握达到了一个新高度，对自身精神谱系的领悟与阐释达到了一个新高度"③。三是在中国共产党百年华

---

①　列宁.列宁选集(第三卷)[M].北京：人民出版社，2012：381.

②　马克思，恩格斯.马克思恩格斯文集(第5卷)[M].北京：人民出版社，2009：93.

③　钟华论.伟大的精神之源，奋进的磅礴力量——论伟大建党精神[N].人民日报，2021-07-19(7).

诞之际提出伟大建党精神既是对历史的回应，也是应时代所需。马克思主义中国化的百年发展、中国共产党的百年辉煌历程充分检验和证明了伟大建党精神的深刻含义和历史地位，为伟大建党精神的科学概括做了较为充足的理论和实践准备。在中国共产党百年华诞之际，我们党也开启了推进实现第二个百年奋斗目标、全面建设社会主义现代化国家的新征程，步入实现中华民族伟大复兴的关键阶段，这时尤其需要进一步明确和高举党的精神旗帜、传承和弘扬伟大建党精神，更加自觉地坚持马克思主义真理、践行初心使命，以更加坚强的斗争意志应对百年未有之大变局，为奋进新征程注入强劲精神动力。

第二节　马克思主义信仰教育概述

马克思主义信仰教育是我国高等教育的一项重要内容，其以马克思主义理论为指导，教育学生运用马克思主义立场、观点和方法观察世界、分析问题和解决问题，旨在培养和造就一大批坚定的青年马克思主义者，为社会主义建设输送优秀接班人，不断推动党和国家事业前进。为深入认识马克思主义信仰教育，我们从"信仰"这个话题讲起，然后逐层递进到对马克思主义信仰、马克思主义信仰教育两个概念的剖析，从而对相关概念形成纵深而扎实的理解。

一、信仰的起源与本质

(一)信仰的起源

恩格斯在《自然辩证法》中指出，漫长的自然进化产生了地球上最美丽的花朵——人类意识。人类意识丰富的建构性、想象性和创造性催生了丰富多彩的精神现象，其中信仰是人类意识中非常独特的精神活动之一，且伴随人类文明发展而演变至今。

自古以来，人类一直面临着两方面的关系：一是人与自然之间的关系；二是人与人之间的关系。这两方面关系与人类信仰的起源与演变有着紧密联系。首先，人类早期的信仰更多是在处理人与自然之间关系的过程中产生的，当时人们处于茹毛饮血、刀耕火种时代，面临物质和知识双重匮乏的窘境，不仅抵御自然灾害的能力非常弱小，而且无法对风、雨、雷、电等自然现象做出科学解释，充满着对山川湖海、日月星辰的惊叹。"力足者取乎人，力不足者取乎神"，出于对自然的无知和敬畏，人类早期逐渐形成了将自身力量矮化、把自然力量夸大和神化的思想倾向，并试图在难以解决的现实困难面前找到心灵寄托之所，这种情结催生了最为原始的两种信仰，一种是天地信仰，另一种是祖先信仰，并由此伴生了一系列信仰活动，深深融入人们的社会生活中。这时的信仰活动主要以原始宗教形态出现，它们承载着人类早期的世界观和价值观，认为天地与祖先是人类、万物之根本，不惜对自然力量顶礼膜拜并寄托神明和祖先保佑风调雨顺、降福免灾，希望以此协调人与自然之间的关系。

随着人类物质生产活动的发展，物质匮乏问题得到一定程度的解决，少数人从繁重的体力劳动中解脱出来而独立从事脑力劳动和社会交往。劳动分工和阶层分化使人们在处理人与自然之间关系的同时，也越来越多地面临人与人之间的关系问题。一方面，统治阶级为了寻求和巩固统治的"合法性"，加强了宗教信仰与政治的结合，极力鼓吹"天命神授"思想并提出"神道设教"等统治策略，用宗教麻醉人们思想、许诺人们愿望，以此维护统治秩序，让民众心甘情愿服从统治阶级意志。在统治阶级的强力推动下，以宗教形态出现的人类信仰获得充分的巩固和发展，开始以相对独立的形式存在和发展，并完成了从自发宗教到人为宗教、从自然宗教到社会宗教的深刻转变，形成了各具特色的宗教信仰。此时宗教几乎成了人类信仰的代名词，人们无一例外地通过各种形式的宗教信仰来接触和了解信仰现象。另一方面，随着人类生产活动的发展以及人们思维水平的提升，部分脑力劳动者开始深入思考人生的价值与意义，不断追问"我是谁""我从哪里来""我要到哪里去"等终极问题，寻求精神世界的安宁与坚强，关切和反思人怎样活着才有意义，并依据各自对问题的理解形成了各式各样的道德规范和准则，尝试践行对美好未来的追求。这些哲学化的思考和实践在一定程度上为开辟人类新的信仰形态提供了可能，但是由于当时科学技术发展缓慢，人们对自然的认识程度还相当有限，无法较好地认识和理解周边世界，人类信仰仍然以宗教形态为绝对主导，无法走出宗教思维笼罩的迷宫。

信仰不是一成不变的。随着近代自然科学技术的发展，人们对周边世界有了新的认识和发现，逐步去除人为覆盖在自然现象身上的神秘面纱，正如恩格斯所言："在科学的推进下，一支又一支部队放下武器，一座又一座堡垒投降，直到最后，自然界无穷无尽的领域全都被科学征服，不再给造物主留下一点立足之地。"①由此，宗教信仰的根基开始动摇。此时资本主义生产方式带来的物质丰富性进一步将人类信仰从"天国"带到"人间"，但"人间"是一个异化的世界。这里所谓异化，是马克思笔下的"商品拜物教"现象，即人们刚刚初步摆脱信仰神化的束缚，又进入信仰物化的樊篱中，把商品奉为崇拜的对象，颠倒反映劳动者与商品之间的关系。无论是"信仰的神化"还是"信仰的物化"，究其本质都是非理性的，都是由特定的社会生产力水平决定的生产关系的歪曲反映。②人类真正安定的精神家园在哪里？处于现代文明的人们比以往任何时候都渴望自身精神生活能够进入更高境界，以此从容应对愈加复杂的人类社会。

(二)信仰的本质

人不是仅靠面包活着，这是人类更为高贵的特征之一。③信仰是人类特有的现象，是人们对某种事物的由衷相信和自觉追求，体现了信仰主体和信仰客体之间的特殊关系。信仰主体是人，信仰客体则较为丰富，可能是某种神灵、祖先、物体或者思想等，两者间的特殊关系主要通过信仰主体自身复杂的心理和行为活动表现出来，正如西班牙哲学家乌纳穆诺所说，信仰"本身包括有认知的、逻辑的、理性的成分，以及情感的、生物

---

① 马克思，恩格斯.马克思恩格斯文集(第9卷)[M].北京：人民出版社，2009：462.
② 李建国.大学生马克思主义理想信仰生成论[M].北京：人民出版社，2019：21.
③ 汤因比.人类与大地母亲[M].徐波，等译.上海：上海人民出版社，2001：21.

的或伤感的、实际上是非理性的成分……"①总体来说，这些成分包含信仰主体对信仰客体"知、情、意、行"的统一，我们可以从这四个方面对信仰本质加以理解。

首先，信仰是一份认知。这种认知是信仰主体在生产生活过程中对信仰客体形成的认识。它既可能是具有诸多幻想性、猜测性甚至颠倒性成分的认识，也可能是经过理性思索、科学判断同时不乏合理想象的认识。无论哪种认识，它们都是人类信仰形成的基础，直接决定了信仰主体对信仰客体所持的态度。认知水平的高低决定着信仰的层次。低认知水平造就低层次的信仰，这种信仰不具有牢固的根基，经不起理性判断和科学推敲；低层次的信仰反过来又会阻碍和限制人们认知水平的提升。高认知水平则成就高层次的信仰，这种信仰往往经得起时间和实践的检验；由于高层次信仰建立在理性基础之上，因此一般不具备禁锢信仰主体思想的特征，相反还很可能促进人们认知水平的扩展和提升，两者之间容易形成良性互动的局面。

其次，信仰是一份情感。一方面，信仰主体在对信仰客体产生确定不疑的认知之后，会逐渐生成一份情感，其是维系信仰主体和信仰客体之间关系的纽带。这份情感和日常的喜怒哀乐有所不同，它较为稳定和持续，可以表现为敬畏、信服、憧憬、依靠、感恩等情感倾向，并持续影响着信仰主体对待世界、社会和人生的态度。由于自身能力的局限性，人们往往将自身愿望、追求寄托在这份信仰情感中，寄望于凭借信仰客体的内容和特质可以摆脱现实困境、奔向美好未来。另一方面，不仅信仰主体对信仰客体会产生情感寄托，信仰客体对信仰主体也有情感关怀功能。人在处理人与自然之间、人与人之间关系的时候并非一帆风顺，如果无法获得预期的物质和精神满足感，相关空虚感和失落感可能会伴随人的一生，这也促使信仰客体的情感关怀价值显现出来。信仰客体的情感关怀价值就在于能够使人不安的精神得到安顿和满足，使人从瞬息万变的生命运动中得到某种感悟，使人的生活燃起超越现实困境的希望和追求。总之，信仰主体的情感关怀需求和信仰客体的情感关怀功能共同构成了具有丰富情感的人类

---

① 乌纳穆诺. 生命的悲剧意识[M]. 段继承，译. 广州：花城出版社，2007：227.

信仰。

再次，信仰是一份意志。信仰是较为稳定的认知和情感，继而能够形成一份不易受外界干扰的信仰意志，主要表现为信仰主体对信仰客体坚定不移的捍卫和执着笃定的追求。一方面，深切的信仰使人有坚强的信仰意志。深切的信仰认知和信仰情感催生坚强而执着的信仰意志，主要表现为信仰主体在主观上愿意放弃其他利益、排除艰难险阻来维护信仰尊严、捍卫信仰利益。信仰越深切，意志就越坚定，不会轻易随外界环境条件的变化而变化。另一方面，意志是信仰前进路上的不竭动力。坚强的信仰意志是支持信仰主体发动、执行、坚持信仰活动的重要因素，是信仰活动得以深入开展的强大动力。追求信仰实质是追求某种世界观和价值观，其源于现实生活同时又超越现实生活，如果缺乏信仰意志，人们会反复沉沦于现实生活图景而无法获得精神上的安宁与满足感。

最后，信仰是一份行动。信仰既存在于人们的大脑意识中，也体现在人们的行为活动中。一是只停留于认知、情感和意志的信仰是不完整的信仰，只有信仰主体为信仰客体自觉付出相应行动时，信仰自身所被赋予的崇高意义才有可能实现。二是信仰凭借独特的世界观和价值观为人们的行为活动提供方向指南，也规范和约束着人们的行为举止。人们抱着对未来生活的期许、对"真善美"等理想的追求，自觉按照信仰内容提出的特殊要求开展生产和生活活动，将内心信仰外化为信仰行动。三是人们在将信仰外化的过程中不会满足于个体行动，而是倾向于通过多元的信仰仪式和丰富的信仰载体将其融入社会实践，扩大社会共识基础，最终使得内心信仰外化为一项集体行动。因此，行动是信仰的必要环节和重要内容，具有筑牢信仰存在基础、推动信仰持续发展的重要意义。

二、马克思主义信仰的生成与特征

(一)马克思主义信仰的生成

近代以来，人类信仰逐渐从幻想的天国转向现实的世俗，这对于冲破宗教樊篱、促进人类觉醒具有一定的积极意义，但是人们在资本主义生产关系中又陷入崇拜商品、沉溺享乐的信仰旋涡中。面对信仰世俗化带来的狭隘和消极心理，马克思和恩格斯猛烈批判了资本主义生产关系对人们世界观和价值观的扭曲，并创立了马克思主义理论，为人类带来了新的信仰气象，改变了人类信仰面貌，预示了人类信仰进一步发展的方向。

马克思和恩格斯是马克思主义理论的创立者，并将其和工人运动相结合，为工人运动提供了思想旗帜和精神动力。但是，马克思和恩格斯并没有使用"马克思主义信仰""共产主义信仰"之类的概念，甚至为了避免人们产生神学倾向的理解还有意避开这类概念。尽管如此，并不意味着马克思和恩格斯排斥和反对在正面含义中使用"信仰"概念，也不能由此断定他们忽视对工人群众进行共产主义信仰之类的教育。[①] 事实上，马克思和恩格斯认为唯物主义者和共产主义者也应该有自己的信仰，例如，马克思在《哥达纲领批判》中明确提出工人阶级可以有区别于宗教信仰和资产阶级信仰的新信仰，指出"资产阶级的'信仰自由'不过是容忍各种各样的宗教信仰自由而已，工人党则力求把信仰从宗教的妖术中解放出来"[②]。恩格斯在《共产主义在德国的迅速进展》中谈道："我们的思想又占据了一些阵地，并且每天占领更多的阵地，到处我都碰到一些新近改变信仰的人，他们都在无比热情地讨论和传播共产主义的思想。"[③]恩格斯在这段话中使用的是"改变信仰"一词，旨在表达人们由旧信仰转变为相信共产主义，说明恩格斯在心中已将共产主义视为一种信仰。马克思在 1880 年 11 月 5 日致左尔格的信中也曾高兴地谈道："连《社会主义评论》的马隆——虽然还带有同他的折衷主义本性分不开的不彻底性——也不得不声称自己信仰现代科学社会主义，即德国的社会主义。"[④]可见，马克思和恩格斯并没有排斥采用"信仰"相关概念，只是鉴于当时情况而比较谨慎罢了。后来随着情况的变化，列宁首次直截了当地使用了"共产主义信仰"和"马克思主义信念"概念，他曾写道："恩格斯父亲是个专横的、信教的工厂主，对儿子四处参

---

① 刘建军. 马克思主义信仰研究[M]. 北京：中国人民大学出版社，2021：16.
② 马克思，恩格斯. 马克思恩格斯选集(第3卷)[M]. 北京：人民出版社，2012：376-377.
③ 马克思，恩格斯. 马克思恩格斯选集(第2卷)[M]. 北京：人民出版社，2005：593.
④ 马克思，恩格斯. 马克思恩格斯全集(第34卷)[M]. 北京：人民出版社，2016：450.

加政治集会，对他的共产主义信仰很生气。"①他在给波利斯·克尼波维奇的信中说："我非常满意地读完了您的书……通过这部大著作，想必完全可以检验、加深和巩固对马克思主义的信念。"②在中国，共产党领导人毛泽东、邓小平则更明确地使用"马克思主义信仰"概念，毛泽东同志曾说："我一旦接受了马克思主义是对历史的正确解释以后，我对马克思主义的信仰就没有动摇过。"③邓小平同志指出："对马克思主义的信仰，是中国革命胜利的一种精神动力。"④习近平总书记也在党的二十大报告中强调"坚持对马克思主义的坚定信仰"⑤。

综上所述，"马克思主义信仰"概念在苏联以及中国革命时期就开始广泛使用，并延续至今。它是为适应无产阶级运动和人类解放这一终极课题需要而产生的，宣告了人类信仰发展的伟大变革和崭新方向⑥，其不仅重新塑造了当今世界的人类信仰格局，而且越来越成为无产阶级和进步人士的精神支柱。这也说明并不是只有神秘化、虚幻化的事物才可被称为信仰，科学化并经实践反复检验的事物在人类现代文明中更应理所当然地被称为信仰。我们不应局限于传统、狭隘的信仰理解中，而应该从现代文明视角对人类信仰发展的新方向有新的认识和理解。

(二) 马克思主义信仰的特征

目前，主流学界已形成一种共识：马克思主义既是一种理论，也是一种信仰。信仰是"知、情、意、行"的统一，马克思主义信仰亦是如此。它是对马克思主义基本立场、观点和方法的高度认知，对马克思主义世界观、人生观和价值观的情感认同，以及对开展社会主义建设、实现共产主义的坚定信念和执着追求。它主要具有以下三方面特征。

---

① 列宁. 列宁全集(第24卷)[M]. 北京：人民出版社，1990：276.
② 列宁. 列宁全集(第46卷)[M]. 北京：人民出版社，1990：101.
③ 斯诺. 西行漫记[M]. 董乐山，译. 北京：生活·读书·新知三联书店，1979：131.
④ 邓小平. 邓小平文选(第三卷)[M]. 北京：人民出版社，1993：63.
⑤ 习近平. 高举中国特色社会主义伟大旗帜　为全面建设社会主义现代化国家而团结奋斗[N]. 人民日报，2022-10-26(1).
⑥ 刘建军. 马克思主义信仰研究[M]. 北京：中国人民大学出版社，2021：15.

1. 科学性和革命性相统一

习近平总书记指出："《共产党宣言》揭示的人类社会最终走向共产主义的必然趋势，奠定了共产党人坚定理想信念、坚守精神家园的理论基础。"①这表明，马克思主义信仰有科学严谨的理论做基础和支撑，不是盲目和愚昧的信仰，也不是马克思主义者感情用事发展而来的信仰。正如拉法格所说："马克思虽然深切地同情工人阶级的痛苦，但引导他信仰共产主义观点的并不是任何感情上的原因，而是研究历史和政治经济学的结果。"②同时，马克思主义信仰具有革命性。马克思主义者由衷地信仰马克思主义并不是为了加深内心的信仰体验，而是为了改造世界、变革社会制度，这种革命性符合人类信仰的积极本质。马克思主义信仰的革命性不仅体现在改造外部世界方面，而且要求自身与时俱进，通过不断吸收人类最新文明成果来充实和发展自己，且不惜与内部教条主义做斗争。马克思主义信仰的革命性是由其科学性特征决定的，其科学性又通过革命性特征充分体现出来，两者之间高度统一。

2. 现实性和超越性相统一

相较于其他信仰，马克思主义信仰既具有现实性又具有超越性。马克思主义信仰的现实性体现在它的唯物论立场，其没有任何神秘性可言，只凭借彻底的理论和能动的实践来获得他人的认同，是人的现实世界的信仰。它以现实问题为根基，主张通过人的实践活动改造现实世界，既强调尊重客观规律，也注重发挥人的主观能动性，告诫无产阶级的幸福是从劳动实践中创造而来，是从抗争不平等的剥削制度、推动社会变革中而来。马克思主义信仰对待现实世界以及人们命运的态度使其显著区别于宗教信仰，它不像宗教信仰那样将人的命运系于虚幻的神灵，让人们在现实困境面前采取逆来顺受的态度，宣扬扭转命运的唯一出路是祈求神灵。同时，马克思主义信仰还具有对现实的终极超越性，其在《共产党宣言》中提出了著名的"两个必然"，即资本主义必然灭亡、社会主义必然胜利，并认为人类必将在社会基本矛盾运动的不断推动下走向社会主义发展的高级阶段——共产主义社会。这种对现实的超越性预判不是凭空而

---

① 习近平. 学习马克思主义基本理论是共产党人的必修课[J]. 求是，2019(22)：4-11.
② 拉法格. 回忆马克思恩格斯[M]. 马集，译. 北京：人民出版社，1973：68.

来的，而是在深入考察人类社会发展进程、把握社会发展一般规律的基础上提出的，与空中楼阁似的宗教"末日审判""上帝之国"有着本质区别。马克思主义信仰的这种现实性和超越性不是相互割裂的。马克思、恩格斯在《德意志意识形态》中就明确指出："我们所称为共产主义的是那种消灭现存状况的现实的运动。"①这说明马克思主义信仰所提倡的共产主义是一种活生生的现实运动过程，其实践主体就是现实的人，深刻体现了现实性和超越性的统一。

3. 关怀性和价值性相统一

关怀性和价值性是人类信仰的普遍特征，但是马克思主义信仰的关怀性和价值性是建立在人的主体性之上、以社会价值为前提的有机统一。一方面，马克思主义信仰的关怀性与宗教、形而上学意义上的关怀性有所不同，其既关怀人的苦难，也探究人遭受苦难的社会根源，同时承认和提升人的历史地位，认为历史创造者既不是某种神秘力量，也不是英雄人物，而是被以往各种信仰所忽视的劳动人民，从而归还了人的历史主体地位。马克思主义信仰关怀现实的人，一切以人的现实利益为出发点和落脚点，关心人、发展人和成就人，而非以抽象的人、抽象的利益来吸引人、安慰人，不再把人的利益置于彼岸世界。马克思主义信仰的关怀性还体现在将发展人、成就人的主动性归还给人本身，让其依靠自身力量清除附加在肉体和精神上的一切枷锁，最大限度彰显了关怀的终极意义。另一方面，马克思主义信仰的价值性以社会价值为前提，它认为人是一切社会关系的总和，不可能脱离社会而单独存在。正因为社会发展为人的发展提供了前提和条件，所以马克思主义信仰既承认个体的自我价值，也主张以社会价值引领个体价值，认为个体价值只有成为社会价值的一部分才能更好实现个体价值。人的自由而全面发展是马克思主义信仰追求的终极目标，但该目标的实现须以推动社会变革和进步为前提，体现了马克思主义信仰的社会价值性和个体价值性的有机契合。因此，马克思主义信仰关怀性的主体意义以及价值性的社会意义，使其在本质上区别于其他信仰范畴。

---

① 马克思，恩格斯. 马克思恩格斯文集(第1卷)[M]. 北京：人民出版社，2009：539.

三、马克思主义信仰教育的含义及功能

(一)马克思主义信仰教育的含义

信仰不会自发地在人们心中产生和扎根，需要依靠教育力量去铸就。马克思主义信仰也不是天生的，需要后天培育，培育的关键在于教育。所谓教育，是"教"和"育"的结合，"教，上所施，下所效也；育，养子使作善也"。苏格拉底说："教育的本质是唤醒。"就现代社会而言，教育是教育者以遵循教育规律为前提，通过传授理论经验或者指导实践等方式对受教育者施加影响，以帮助受教育者构建和完善认知体系。因此，马克思主义信仰教育是教育者在遵循教育和信仰生成规律的前提下，以马克思主义信仰为内容与主旨，向受教育者系统传授马克思主义理论，引导其树立共产主义理想信念并运用相应世界观和方法论开展实践活动的过程，帮助受教育者做到对马克思主义的真知、真信与真行。具体来说，马克思主义信仰教育包括以下三个层面的含义。

1. 理论层面的马克思主义"真知"教育

与庸俗信仰不同的是，马克思主义信仰教育首先是理论知识层面的信仰教育。马克思主义既是博大精深的理论体系，也是后继者不断发展的理论学说，涉及自然、社会和人类思维等广泛知识领域。在此基础上产生的马克思主义信仰则是科学和信仰的融合，其信仰教育要以传授马克思主义科学理论为基础，这是受教育者建立信仰的必备前提。青年毛泽东在阅读《共产党宣言》《阶级斗争》《社会主义史》等书籍后，逐渐树立起马克思主义信仰。人们也只有借助较为系统的理论教育才能对马克思主义形成健全的认知体系，把握其理论指向和精髓，实现马克思主义的"真知"。这种"真知"不是停留于片面或者浅表的感性认识，而是从片面到全面、从浅知到深知的理性认识过程，能够正确把握人与自然、社会之间的关系。当人们扎根于丰厚的"真知"土壤时，会深刻感悟到马克思主义真理力量，理解马克思主义信仰里深切的人类情怀，为其"真信""真行"的形成打下良好基础。

2. 信念层面的马克思主义"真信"教育

马克思主义认为每个人自由而全面发展的共产主义社会是人类社会发展的终极阶段，亦把它作为每个马克思主义者毕生奋斗的终极目标。但是对于尚处于社会主义初级阶段的人们而言，理解按需分配的共产主义社会并形成较为坚定的共产主义信念并不是一件容易的事情。正如习近平总书记所指出的："一些人认为共产主义是可望而不可即的，甚至认为是望都望不到、看都看不见的，是虚无缥缈的。"①因此马克思主义信仰教育不仅包括理论层面的"真知"教育，还应包括信念层面的"真信"教育。它是推动马克思主义内化于心、培育信仰情感、培养信仰意志的重要环节，也是侧重于以追求共产主义社会为价值导向，帮助人们深刻理解共产主义实现的历史必然性和长期性，引导人们树立和坚定共产主义远大理想，并激励人们为实现远大理想中每个阶段性目标而奋斗的具体教育活动。在新时代中国，信念层面的马克思主义"真信"教育不仅需要引导人们形成对马克思主义世界观、历史观、人生价值观的信念，还需要注重把共产主义远大理想和中国特色社会主义共同理想结合起来，帮助人们在内心形成对共产主义理想的真挚信仰，以及对中国特色社会主义事业的由衷拥护和坚持。

3. 践行层面的马克思主义"真行"教育

理论层面与信念层面的马克思主义信仰教育是内化于心的过程，但对于培育真正的马克思主义者而言，还需要一个外化于行的过程。"马克思主义信仰不仅是精神力量，更多层面的是改变现实生活的物质力量"②，实践性是马克思主义最深刻的本质属性，也是区别于其他理论的显著特征，这就决定了其信仰教育最终要落脚到践行层面。受教者对马克思主义信仰的践行状况，既能反映施教者的教育效果，也是检验受教者是否把握马克思主义信仰本质规定、是否成为真马克思主义者的试金石。因此，践行层面的马克思主义"真行"教育，就是强化受教者对马克思主义信仰的践行意识和行动自觉性，即基于马克思主义信仰的理论和价值原则，施教者从现实世界出发引导受教者以辩证唯物主义与历史唯物主义立场认识世界和改

---

① 习近平. 关于坚持和发展中国特色社会主义的几个问题[J]. 求是，2019(7)：4-12.
② 徐秦法. 新时代马克思主义信仰教育研究[M]. 北京：人民日报出版社，2021：25.

造世界，激励其自觉将马克思主义信仰的方法运用于社会实践与个人生活，以此诊断、解决面临的现实问题及深刻把握现实事物发展趋势，彻底贯彻、践行马克思主义信仰的规定，从而凸显受教者从"真知""真信"升华到"真行"的科学进程。

（二）马克思主义信仰教育的功能

1. 意识形态功能

信仰既是社会意识形态的重要内容，也是社会意识形态存在的精神支柱。作为现代科学信仰，马克思主义信仰的相关教育活动具有社会主义意识形态建设与维护功能。一方面，新的社会意识形态建立归根结底是由社会生产方式决定的，但是也离不开更先进思想的广泛传播以及相关信仰的深入人心。马克思主义不是从刚开始传入中国时就成为主流意识形态的，而是共产党人通过较为广泛而持久的教育活动才让党内外众多同志逐渐信仰马克思主义，并在全社会构建起社会主义意识形态。五四运动前后，李大钊和陈独秀不遗余力地宣传马克思主义学说，启发人们接受新的信仰。在第二次国内革命战争时期，毛泽东同志提出马克思主义必须和中国实际相结合，立足于中国具体国情开展马克思主义信仰教育。在抗日战争时期，我们党为了纠正党内存在的主观主义、党八股等不良作风，加强了党员干部的马克思主义信仰教育，同时为了扩大抗日民族统一战线，也积极开展了争取知识分子的工作，将他们凝聚在马克思主义信仰的旗帜下。这一系列积极而有成效的工作，使马克思主义逐渐成为中国社会意识形态的主流。另一方面，社会主义意识形态的维护也离不开马克思主义信仰教育。中华人民共和国成立后，为了进一步确立和巩固社会主义意识形态，中共中央于1951年2月发布了《中共中央关于加强理论教育的决定（草案）》，并于同年5月召开了首次全国性的宣传工作会议，确定了马克思主义理论宣传、教育工作的方针和政策。党的十一届三中全会后，为了适应改革开放，马克思主义信仰教育目标从"以阶级斗争为纲"向"为社会主义经济建设服务"转换，在市场经济条件下继续维护社会主义意识形态的主流地位和正确方向，其间防范和化解了历史虚无主义、新自由主义、后现代主义等外来错误思潮的入侵，有效捍卫了国家意识形态安全。

2. 铸魂育人功能

信仰是灵魂的寄托和归宿，信仰教育可以塑造人格、为人生定向。进入新时代以来，习近平总书记从实现中华民族伟大复兴的战略高度将铸魂育人视为当前我国思想政治教育工作的崇高使命。作为思想政治教育工作的中心环节，马克思主义信仰教育具有铸魂育人的强大功能，主要体现在以下两个方面。

一是锻造马克思主义信仰之魂。信仰像容器，灵魂像水，遇到什么样的容器就会形成什么样的灵魂。一个人选择什么样的信仰，就会塑造什么样的灵魂与人格。如果信仰金钱至上，就会形成拜物教的灵魂与人格；如果信仰人民至上，就会形成无私奉献的灵魂与人格。马克思主义信仰教育坚持用马克思主义理论启发人、用贴合实际的教育方式方法引导人，以集体主义、社会主义原则来抵制和消除不良思潮的影响，帮助受教育者树立辩证唯物主义和历史唯物主义的世界观、自我价值与社会价值相融合的人生观以及为人类求解放的价值观，有利于锻造马克思主义信仰之魂。

二是有利于培育担当民族复兴大任的时代新人。实现中华民族伟大复兴是近代中国孜孜以求的百年梦想，也是当代中国比历史上任何时期更为接近的奋斗目标，它需要当前国人凝心聚力、砥砺同行，也需要勇担民族复兴大任的时代新人。习近平总书记指出，要"抓好马克思主义理论教育，为学生一生成长奠定科学的思想基础"①。马克思主义信仰就像一面旗帜，其教育活动可以为年轻人的人生定位定向，引导年轻人从马克思主义视角看待当代中国发展实践，让其较早明白什么是有价值的人生、什么是有意义的奋斗目标，增强其对腐朽人生观、价值观的辨别力和免疫力，为其提供正确的人生导向和精神动力，有利于当代中国培育担当民族复兴大任的时代新人，从而汇聚起为中华民族伟大复兴接续奋斗的磅礴力量。

---

① 习近平. 把思想政治工作贯穿教育教学全过程 开创我国高等教育事业发展新局面[EB/OL]. (2020-08-13)[2024-01-16]. http://www.moe.gov.cn/jyb_ xwfb/gzdt_ gzdt/201612/t20161208_ 291306. html.

第三节　伟大建党精神与马克思主义信仰教育的内在耦合

一、伟大建党精神与马克思主义信仰教育的理论本源相一致

伟大建党精神与马克思主义信仰教育具有共同的理论本源——马克思主义。一方面，马克思主义奠定了伟大建党精神的红色底蕴，是伟大建党精神淬炼而生的理论本源。马克思主义揭示的人类社会发展规律及其必然趋势为伟大建党精神提供了科学支撑，是中国共产党人"坚持真理、坚守理想"的底气所在；马克思主义致力于改变世界的实践品格为伟大建党精神注入了实践动能，是中国共产党人"践行初心、担当使命"的精神基因。马克思主义主张以革命力量反抗剥削阶级、消灭社会剥削现象的斗争决心为伟大建党精神提供了斗争勇气，是中国共产党人"不怕牺牲、英勇斗争"的精神动力；马克思主义为人类求解放的崇高追求给伟大建党精神提供了坚定的人民立场，是中国共产党人"对党忠诚、不负人民"的根本来源。另一方面，马克思主义规定了马克思主义信仰教育的本质内容和方法论，是马克思主义信仰教育产生和不断推进的理论本源。马克思主义理论体系和知识体系博大精深，涉及历史、经济、政治、文化、社会、生态、科技等各个方面，为马克思主义信仰教育提供了丰富且深邃的内容；马克思主义理论体系随着实践变化而发展，不断吸收人类文明发展的最新成果，为马克思主义信仰教育提供了与时俱进的内容；马克思主义理论体系的基本立场是为绝大多数人谋利益，为马克思主义信仰教育提供了广泛的群众基础；马克思主义理论体系的基本观点是人类思想成果和社会实践经验的总结，为马克思主义信仰教育提供了科学有力的内容；马克思主义理论具有指导我们认识世界和改造世界的方法论，如实事求是方法、辩证分析方

法、矛盾分析法、历史分析法、阶级分析法与群众路线方法，这些方法既可以用于改造客观世界，也可以用于改造人的主观世界，为马克思主义信仰教育实践活动提供科学方法论。可见，伟大建党精神与马克思主义信仰教育在理论内容上同出一源，具有内在耦合性。

二、伟大建党精神与马克思主义信仰教育的育人内涵相一致

伟大建党精神充分展示了中国共产党人的初心和使命，蕴含理想、信念、奉献、爱民等丰富元素，不仅激励着一代又一代中国共产党人接续奋斗创造了百年伟业，而且包含新征程上我国开展马克思主义信仰教育、培育青年马克思主义者所急需的育人内涵。伟大建党精神的核心内容仅有 32 个字，但包含着丰富的历史细节和感人的党史人物，具有丰富的育人内涵，生动诠释着何为信仰、信念和信心，告诉后来者信仰不是因为看到而相信，而是因为相信才会看到。伟大建党精神包含远大的理想信念，党的早期组织在《中国共产党宣言》中就向世人宣告"共产主义者的目的是要按照共产主义者的理想，创造一个新的社会"①；伟大建党精神包含着坚如磐石的革命意志，中国共产党在创建和成长过程中饱受磨难却自强不息、历经曲折却越挫越勇，成为世界第一大执政党；伟大建党精神包含强烈的民族使命感，中国共产党人从建党伊始就把拯救民族危亡视为己任，用鲜血和生命扶中华民族大厦之将倾，让苦难深重的中华民族逐渐走出阴霾、奔向复兴；伟大建党精神包含浓厚的为民情怀，中国共产党人把为中国人民求解放、谋幸福作为立党兴党的出发点和归宿，凭借对马克思主义信仰的真诚践行移走了压在近代中国人民身上的"三座大山"，建立了宣告中国人民从此站起来的中华人民共和国，开创了繁荣发展的中国特色社会主义。人们从伟大建党精神的丰富育人内涵中能够深刻体悟到，只有坚持马克思主义立党立国的根本指导思想地位，推进马克思主义中国化时代化，才能拯救和发展中国。马克思主义信仰教育包括以马克思主义为指导的理想教

---

① 中共中央文献研究室、中央档案馆. 建党以来重要文献选编(1921—1949)(第一册)[M].北京：中央文献出版社，2011：486.

育、信念教育、意志教育和奉献教育。受教育者要成长为一名合格的马克思主义者，不仅要读懂弄通马克思主义理论，更重要的是要形成远大的理想信念、坚强的斗争意志、强烈的民族使命感和浓厚的为民情怀，这和伟大建党精神的育人内涵高度一致、内在耦合。

三、伟大建党精神与马克思主义信仰教育的育人功能相一致

在近代各种主义的碰撞和交锋中，李大钊预言："试看将来的环球，必是赤旗的世界！"历史发展亦证明，中国共产党的成功创建让社会主义意识形态在中国占据了一席之地并逐渐发展壮大。伟大建党精神就像一面精神旗帜，具有凝聚人心和共识的强大功能，引领着马克思主义信仰在我国广泛传播，有力推动着社会主义意识形态在我国思想领域指导地位的形成、确立和坚持，其和马克思主义信仰教育一样可以引导全社会形成正确的价值观念和社会风尚，具有丰富的育人功能。

首先，伟大建党精神具有理想信念的引领功能。伟大建党精神展现了中国共产党人的崇高理想和坚定信念，不仅在100年前引领着先进青年救亡图存的理想信念，而且在新时代激励着大学生树立共产主义远大理想、坚定中国特色社会主义信念，引领大学生做志存高远、信念坚定的时代新人。其次，伟大建党精神具有使命任务的导向功能。伟大建党精神展现了中国共产党人的初心和使命，其将"为中国人民谋幸福、为中华民族谋复兴"作为百年奋斗征程中矢志不渝的使命任务，且在新征程中初心依旧、不言放弃，这可以引导和激励新时代青年接过历史的接力棒，做好使命担当人。再次，伟大建党精神具有顽强斗志的锤炼功能。建党以来，无数中国共产党人抛头颅、洒热血，不怕牺牲、英勇斗争，谱写了一部气壮山河的斗争史诗。正如毛泽东同志所说："我们党尝尽了艰难困苦，轰轰烈烈，英勇斗争。从古以来，中国没有一个集团，像共产党一样，不惜牺牲一切，牺牲多少人，干这样的大事。"①这部史诗中可歌可泣的英雄人物和斗

---

① 中共中央文献研究室，中央档案馆. 建党以来重要文献选编(1921—1949)(第二十二册)[M].北京：中央文献出版社，2011：118.

争事迹将永载史册，激励着新时代青年锤炼顽强斗志、增强斗争本领，敢于同社会主义的一切敌对势力做斗争、同民族复兴道路上的所有风险挑战做斗争。最后，伟大建党精神具有品格情怀的培养功能。中国共产党人在长期奋斗历程中表现出高度的组织纪律意识，坚定不移听党话、跟党走，体现了对党忠诚的政治品格。中国共产党人在工作中饱含人民情怀、坚持群众路线，想群众之所想、急群众之所急、解群众之所难，长期赢得人民信任、得到人民支持。新时代青年在传承弘扬伟大建党精神的过程中，会受到中国共产党忠诚品格和为民情怀的深切感召，自觉成为有品格、有情怀的时代新人。伟大建党精神的这些育人功能，在本质上与马克思主义信仰教育的铸魂育人功能是高度一致、内在耦合的，其最终都有利于培育具有坚定马克思主义信仰、堪担民族复兴大任的社会主义接班人。

四、伟大建党精神与马克思主义信仰教育的实践取向相一致

伟大建党精神是在中国共产党伟大实践历程中形成的宝贵精神财富，是对中国共产党伟大实践取向的总结与概括。在近代中国各种救国之策相继失败后，先进分子深刻认识到中国的问题并不仅仅是"器物不如人"，也不是单纯的"制度不如人"，而是在思想根源上落后于人。要超越西方列强、改变落后就要挨打的状况，必须从思想上着手。近代中国有识之士经过思想文化上的扬弃和比较之后，发现马克思主义代表着世界社会思潮的先进方向和人类社会制度的光明形态，并逐步将其置于思想文化运动的引领地位。思想一改变，实践取向也随之深刻改变。中国以往的各种运动归根结底都是为少数人谋取利益的，但自从接受了马克思主义之后，革命运动出现了新的领导阶级，其实践取向亦从"为少数人谋取利益"转变为"为多数人谋取利益"，第一次站在人民的立场探求自由解放的道路，革命面貌从此焕然一新。伟大建党精神的实践取向深刻体现了真理与价值的有机统一，继承和发扬了马克思主义的实践观，其和马克思主义信仰教育的实践取向是同源共流的。马克思主义信仰教育是一种教育实践活动，是在继承和发扬马克思主义实践观的基础上，将教育活动的真理尺度与价值尺度

合二为一，目的是通过培育一代又一代的马克思主义忠诚信奉者和坚定实践者将社会主义事业进行到底，其本质就是让"为多数人谋取利益"的伟大运动永远开展下去。在马克思主义中国化语境下，"为多数人谋取利益"就是"为中国人民谋幸福，为中华民族谋复兴"，这既是中国共产党人的初心和使命，也是我们党长期开展马克思主义信仰教育的宗旨。因此，伟大建党精神与马克思主义信仰教育的实践取向高度一致、内在耦合，与马克思主义主张的人类解放与人的自由全面发展一脉相承。

第三章

新时代大学生
马克思主义
信仰教育的现状分析

学术研究以问题为导向，问题的发现和分析离不开深入调查。新时代以来，我国加强了意识形态领域建设且取得了长足进展，但国际局势发生了深刻复杂变化，社会思潮交融交锋更加频繁，新媒体技术的广泛应用也成倍扩大了各种社会思潮的影响力及其与大学生日常学习生活的接触面。在这样的大环境下，新时代大学生马克思主义信仰教育的现状如何、取得了什么样的成效、遇到了哪些问题等，值得我们深入调查和分析，这对于我们将伟大建党精神融入大学生马克思主义信仰教育、改进大学生马克思主义信仰教育工作大有裨益。

第一节　我国大学生马克思主义信仰教育的基本历程

不忘来路，才能行稳致远。研究新时代大学生马克思主义信仰教育现状，有必要对我国大学生马克思主义信仰教育的基本历程展开回顾，以更好地理解当下工作政策和开展状况。我国大学生马克思主义信仰教育伴随中国共产党的百年奋斗历程，且随着党的事业波澜起伏，其间有探索、有曲折、有发展、有繁荣，经历了若干不同的实践历程。

一、新民主主义革命时期大学生马克思主义信仰教育的奠基与开启

2021年6月，习近平总书记在主持中共中央政治局第三十一次集体学习时指出："北大是新文化运动的中心和五四运动的策源地，最早在我国传播马克思主义思想，也是我们党在北京早期革命活动的历史见证地。"北大红楼不仅是中国革命活动的红色序章，也是我国大学生马克思主义信仰教育的奠基地。1918~1923年，一批以陈独秀、李大钊为代表的先进学者以北大红楼为平台组织学习马克思主义，通过《新青年》《每周评论》等进步杂志向北大进步学生乃至全国青年传播马克思主义思想，开启了新民主主义革命时期大学生马克思主义信仰教育的先河。通过这样的宣传教育，中国共产党最初的58名党员多数是知识分子，其中北大毕业生有17人，其他大学的有8人，培养了我党第一批大学生党员。不仅如此，当时在北京大学担任图书馆管理员的青年毛泽东也深受影响，"我在李大钊手下在国立北京大学当图书馆助理员的时候，曾经迅速地朝着马克思主义的方向发展"。可见，中国共产党成立前后的北大红楼不仅是我党早期开展大学生马克思主义信仰教育的主阵地，而且在我国整个马克思主义信仰教育发展过程中起了历史奠基作用，做出了伟大的宣传教育贡献。

在革命战争时期，为了吸收全国广大的知识分子，以毛泽东为代表的中国共产党在延安延河两岸建立了中国人民抗日军事政治大学、延安大学、陕北公学、鲁迅艺术学院、马列学院、中国女子大学等30多所院校，成功开启了我国大学生马克思主义信仰教育非常特殊而成功的一段历程。办学期间，为了提高学员的思想认识水平，中央政治局通过了《中共中央关于延安干部学校的决定》，要求"学校当局及教员必须全力注意使学生由领会马列主义实质到把这种实质具体地应用于中国环境的学习"①，并安排确立了统一的政治教育制度，把坚定正确的政治方向放在首位，十分重视对学员的马克思主义教育工作，将"马列主义概论""中国革命问题""共产主义和共产党""哲学""政治经济学""民众运动"等政治理论课程设置为必修课程，并配备了艾思奇、张如心、何思敬、任白戈、徐懋庸等一批马克思主义理论造诣较深的学者作为学校教员，运用启发式、讨论式等教学方法因材施教，引导学员正确理解马克思主义理论、深刻认识近代中国社会的基本性质以及中国革命的必要性。毛泽东、朱德、周恩来、董必武等中央领导也带头为学员讲授马列主义课程，并强调"这是政治上武装他们头脑的很基本的问题"②。阵容强大的师资队伍使得学员事后感叹有"一流的教员执鞭任教"③。延安时期，我党在各学校如火如荼地开展的马克思主义教育取得了显著的教育成效，积累了宝贵的实践经验。这些来自五湖四海的学员在接受马克思主义信仰教育后，又将马克思主义的理论和方法传播到全国各地，深深影响和促进了当时全国革命形势的向前发展。

二、社会主义革命和建设时期大学生马克思主义信仰教育的探索与曲折

中华人民共和国成立后，随着高校思想政治教育工作的展开，大学生马克思主义信仰教育开启了全国范围的整体起步历程。在1949~1978年的

---

① 中共中央文献研究室，中央档案馆. 建党以来重要文献选编(1921—1949)(第十八册)[M].北京：中央文献出版社，2011：763.

② 毛泽东. 毛泽东军事文集(第二卷)[M]. 北京：军事科学出版社，中央文献出版社，1993：455.

③ 李唯实. 抗大琐忆[J]. 军事历史，1995(4)：50-52.

社会主义革命和建设时期，我国大学生马克思主义信仰教育既有探索也有曲折，大体可以分为三个阶段。

第一阶段，"三大改造"时期的大学生马克思主义信仰教育。中华人民共和国成立初期，虽然帝国主义、封建主义和官僚资本主义的统治已被推翻，但是由于社会意识的相对独立性，相关旧思想仍然残存，社会上人们的思想状况多元且复杂，马克思主义思想与各种反马克思主义思想并存。在这种社会思想环境中，如何实施全国性的马克思主义信仰教育、引导大学生逐步认同社会主义制度是我党在中华人民共和国成立之初面临的崭新课题。作为中华人民共和国的"临时大宪章"，《中国人民政治协商会议共同纲领》于1949年9月在中国人民政治协商会议第一届全体会议正式通过，其确认了马克思主义在中国的合法性，赋予其主流意识形态的指导地位，要求有步骤地推进中华人民共和国高等教育，规定"给青年知识分子和旧知识分子以革命的政治教育，以应革命工作和国家建设工作的广泛需要"[①]。中华人民共和国成立后，全国各高校纷纷设置马列主义课程，运用马列主义的立场、观点和方法武装大学生头脑，消除国民党统治时期唯心论和机械论给大学生带来的负面影响。1952年，教育部决定在全国各高校推行政治工作制度，配备专职辅导员，进一步推进了大学生的马克思主义信仰教育工作。随着全国高校政治课教学和相关工作制度的逐步建立，各高校还广泛组织了以抗美援朝为主题的思想教育活动，并借助纪念"五四"青年节、升降国旗、校庆等活动探索了信仰教育的新路径，使中华人民共和国成立初期的大学生逐步确立了科学的世界观和高尚的人生观。

第二阶段，十年社会主义建设时期的大学生马克思主义信仰教育。1956~1966年是我国全面建设社会主义时期，其间我们党对大学生马克思主义信仰教育做了大量探索和实践工作，不断总结经验、提升教育水平，形成了一些有益的理论、政策和做法。1957年，毛泽东在《关于正确处理人民内部矛盾的问题》中指出，"不论是知识分子，还是青年学生……除了学习专业之外，在思想上要有所进步，政治上也要有所进步，这就需要学

---

① 中共中央文献研究室，中央档案馆．建党以来重要文献选编(1921—1949)(第二十六册)[M]．北京：中央文献出版社，2011：767．

习马克思主义，学习时事政治"①，并且让各部门尤其是校长、教师都要担负起思想政治工作的责任，这为社会主义建设时期的大学生马克思主义信仰教育奠定了理论基础。1958 年，中共中央、国务院发出《关于教育工作的指示》首次明确了"一切教育行政机关和一切学校，应该受党委的领导"②，改变了以校长负责制为主导的领导制度，为大学生马克思主义信仰教育工作的开展提供了组织保障。1961 年 9 月，中共中央批准试行中华人民共和国首份指导高校开展思想政治教育的文件，即《教育部直属高等学校暂行工作条例（草案）》，明确高等教育要为无产阶级政治服务、为社会主义建设服务，这为大学生马克思主义信仰教育工作提供明确的指导依据。这一系列理论、制度和政策的逐步确立，使十年社会主义建设时期的大学生马克思主义信仰教育得到稳步的推进和发展，教育目标也实现了由培养社会主义革命者向培养社会主义建设者转换。1963～1965 年，全国高校广泛组织掀起了学习雷锋、焦裕禄、"铁人"精神、大寨精神等热潮，先后开展了文科、理工科师生参加社会主义教育的运动，让大学生通过书本学习和生产劳动相结合的方式提升了社会主义觉悟，增进了对工农群众的感情。

第三阶段，"文化大革命"时期的马克思主义信仰教育。"文化大革命"时期（1966～1976 年），当时党中央对国内阶级斗争形势做了过于严重的估计，林彪、江青反革命集团积极推行极左路线，致使全国出现大动荡的局面，而且波及各个角落。我国高等教育事业发展亦深受影响、遭遇严重挫折，各高校被迫停止招生且取消了刚建立不久的思想政治教育系统，学生停课停学，教师被下放劳动，正常的教育教学活动陷入瘫痪状态。在极左思潮的影响下，当时大学生的思想逐渐趋于激进，不仅把之前所接受的优良传统遗忘了，而且对马克思主义的理性信仰演变为极度的政治运动狂热和对领袖的个人崇拜。"文化大革命"后期，大学生对政治运动的狂热逐渐显现疲惫，转而陷入困惑消沉状态，找不到理性的思想出路。在这期间，面对大学生马克思主义信仰状况偏离理性、严重异化的状况，高校马克思主义信仰教育在这场思想混乱中没有发挥纠偏作用，甚至出现倒退的现

---

①　毛泽东. 关于正确处理人民内部矛盾的问题［N］. 人民日报，1957-06-19（1）.
②　何东昌. 中华人民共和国重要教育文献（1949—1997）［M］. 海口：海南出版社，1998：859.

象，其教育方式主要表现为极端的政治批评，将个别领导的任何话语都不分实际情况地一概视为真理，这实际上已偏离了马克思主义信仰的科学性，是我国信仰教育发展历程中的一次重大曲折。

三、改革开放时期大学生马克思主义信仰教育的推进与发展

1977 年 8 月，中国共产党第十一次全国代表大会宣告"文化大革命"结束，并于同年恢复已经停止了十年的全国高等学校招生考试，高等教育事业发展迎来新的春天，也给马克思主义信仰教育工作带来了拨乱反正的历史时机。1978 年，随着《实践是检验真理的唯一标准》一文的公开发表，全国上下掀起了一场关于真理标准问题的大讨论。邓小平高度评价了这场大讨论，指出"只有解放思想，坚持实事求是，一切从实际出发，理论联系实际，我们的社会主义现代化建设才能顺利进行，我们党的马列主义、毛泽东思想的理论也才能发展顺利"①，并在全国教育工作会议上提出"学校应该永远把坚定正确的政治方向放在第一位"②。经过这场大讨论，我党重新确立了实事求是的思想路线，广大人民群众挣脱了思想僵化的牢笼，为大学生马克思主义信仰教育的拨乱反正夯实了理论基础与实践基础。随后召开的党的十一届三中全会，不仅开启了我国改革开放历史新时期，还把高校马克思主义信仰教育工作推向新的发展阶段。1979 年，为了规范全国各高校重新开设的马克思主义课程内容，教育部编印了《辩证唯物主义与历史唯物主义》《政治经济学》《中国共产党历史》等教材大纲。1980 年，教育部发文要求各高校旗帜鲜明地开展系统的马克思列宁主义教育，"培养学生运用马列主义的立场、观点、方法分析问题和解决问题的能力，逐步树立辩证唯物主义和历史唯物主义的世界观"③。之后，中共中央相继批转和印发了《国家教委关于加强高等学校思想政治工作的

---

① 邓小平. 邓小平文选(第二卷)[M]. 北京：人民出版社，1994：143.
② 邓小平. 邓小平文选(第二卷)[M]. 北京：人民出版社，1994：104.
③ 教育部社会科学司. 普通高校思想政治理论课文献选编(1949—2008)[M]. 北京：中国人民大学出版社，2008：80.

决定》(1986年)、《中共中央关于改进和加强高等学校思想政治工作的决定》(1987年)等文件，并成立全国马克思主义思想理论课教材编审委员会，为大学生马克思主义信仰教育的恢复发展提供了有力的政策支持和内容保障。

然而，随着20世纪80年代资产阶级自由化思潮的兴起及其在中国的悄然蔓延，高校学生的思想受到了一定程度的影响，这也给马克思主义信仰教育带来了诸多障碍，最终引发了1989年的政治风波。风波平息后，以邓小平同志为核心的党的第二代中央领导集体认识到"对青年的政治思想教育抓得还不够"①，需要进一步加强思想政治教育工作。

为了坚持高校的马克思主义思想理论阵地、巩固和加强大学生马克思主义信仰，国家教委于1991年印发了《关于加强和改进高等学校马克思主义理论教育的若干意见》，文件针对当时马克思主义理论教育存在的问题提出了较为系统的指导意见，要求各高校适当增加马克思主义理论教学课时，并对基本课时量做了明确规定，指出"加强教学中的各个环节，努力改进教学方法，是提高教学效果的重要途径"②。2004年，中共中央、国务院发布《关于进一步加强和改进大学生思想政治教育的意见》，它成为指导21世纪大学生思想政治教育和信仰教育的纲领性文件，提出把"培养什么人"与"如何培养人"这一重大课题始终摆在重要位置。

根据这些指导意见，不少高校开始设立马克思主义理论一级学科，加强辅导员队伍建设，成立马克思主义学院，提升教师队伍素质，这一系列举措使得我国大学生马克思主义信仰教育工作在20世纪90年代及21世纪早期取得长足进展，相关教育内容、方法和手段日趋丰富和完善，在坚持思想政治理论课教学主渠道的同时，还探索利用公共博物馆、纪念馆、红色遗址等社会资源开展现场教学。尤其是载体建设得到创新发展，其间高校不仅充分利用广播、电视、校报、校刊等传统媒体开展教育活动，还顺应互联网发展大潮开辟了网络载体，使其在信仰教育活动中获得前所未有的应用。

---

① 中共中央文献研究室. 邓小平论教育[M]. 北京：人民教育出版社，1995：207.
② 教育部社会科学司. 普通高校思想政治理论课文献选编(1949—2008)》[M]. 北京：中国人民大学出版社，2008：140.

四、新时代大学生马克思主义信仰教育的提升与繁荣

党的十八大召开后，大学生马克思主义信仰教育获得新的发展契机。习近平总书记高度重视信仰的强大力量，非常关心大学生马克思主义信仰教育工作，认为其对国家、对民族、对个人都具有重要的价值意义，还多次到大学调研、考察，与大学生谈心、谈话。例如，2018 年 5 月，习近平总书记与北京大学学生分享了自己学习马克思主义的经历，且站在党的事业后继有人的战略高度嘱托学生将理论和实际联系起来，为国家和人民服务奉献，成为一个真正的青年马克思主义者。习近平总书记的重要论述和殷殷嘱托为新时代开展大学生马克思主义信仰教育工作提供了有力支持和重要指引。

为把思想政治工作摆在突出位置，中共中央先后出台了多份指导性的政策文件。2017 年 2 月，《关于加强和改进新形势下高校思想政治工作的意见》颁布出台，提出高校要坚持党对高校的领导、坚持社会主义办学方向，且实施马克思主义理论人才支持培养计划。2019～2020 年，《关于深化新时代学校思想政治理论课改革创新的若干意见》《新时代学校思想政治理论课改革创新实施方案》相继颁布出台，它们分别从宏观和微观上为新时代学校思想政治理论课改革创新给出了意见与方案，提出各高校要从坚持马克思主义在意识形态领域指导地位的根本制度的高度，调整与创新思政课课程体系，系统开展马克思主义理论教育，将马克思主义理论中国化最新成果、马克思主义理论学科最新研究进展融入教材。2019 年 11 月，中共中央、国务院印发《新时代爱国主义教育实施纲要》，提出通过爱国主义教育引导人们深刻认识马克思主义为什么"行"，以及历史和人民为什么选择马克思主义。2021 年 7 月，《关于新时代加强和改进思想政治工作的意见》要求巩固马克思主义在意识形态领域的指导地位，加强马克思主义唯物论和无神论教育。

这一系列的教育政策组合拳有力提升了新时代高校信仰教育工作水平，促进了新时代大学生马克思主义信仰教育的繁荣与发展。面对深刻复杂的国内外形势、多元文化的融通交织以及新媒体技术的全新变革，高校

紧扣"培养什么人、怎样培养人、为谁培养人"的根本问题，全面加强了党委对大学生马克思主义信仰教育工作的领导，巩固了马克思主义在高校意识形态领域的指导地位，坚持用习近平新时代中国特色社会主义思想铸魂育人。在具体教育活动中，高校探索将思想政治教育规律、信仰生成规律和大学生成长规律结合起来，注重将马克思主义基本原理同中国具体实际相结合、同中华优秀传统文化相结合，更好地丰富了高校信仰教育内容、拓展了高校信仰教育方法、创新了高校信仰教育载体、提升了高校信仰教育队伍素质，为"强国一代"的大学生提供了较为优质的教育要素，有效解决了部分在高校思想政治教育领域较为紧迫的问题以及长期想解决而未能解决的难题，使新时代大学生马克思主义信仰教育工作呈现组织有力、后继有人、创新发展的新局面。

第二节　新时代大学生马克思主义
信仰教育的现状调查

为对新时代大学生马克思主义信仰教育现状做较为全面而深入的把握，这里拟分别从施教者和受教者两方面开展综合调查。大学生马克思主义信仰教育的施教者主要包括思政课教师和辅导员，受教者是大学生群体。因此，本书一共设计了三份调查问卷（见附录），一份针对大学生（见附录一），一份针对高校思政课教师（见附录二），另一份针对高校辅导员（见附录三）。

一、关于大学生的调查描述

(一)问卷制作与投放说明

在第二章中，我们从三个维度剖析了马克思主义信仰教育的含义，即包括理论层面的马克思主义"真知"教育、信念层面的马克思主义"真信"教育以及践行层面的马克思主义"真行"教育。因此，这里根据马克思主义信仰教育含义将受教者的调查问卷分为三个层面，即分别从知、信、行层面对设计问题开展调查。为了保障调查问卷制作的科学性和规范性，这里借鉴王开莉(2019)的做法，按照"确定目标—操作概念—选择变量—个人设计问卷—团队共同设计问卷—不同群体的试调查—反馈修改"七个步骤开展设计。其中：调查目标确定为调查在校大学生马克思主义信仰状况；要操作的概念是马克思主义信仰，因为该概念较为抽象，所以将大学生对马克思主义的认知、信念、践行状况作为该概念的衡量变量，使其具体化和明晰化；在个人设计问卷阶段，依据上述三个变量设计相关的一系列具体问题，并在问题设计过程中参考了王开莉(2019)、李建国(2019)、李红霞(2014)、蒋荣(2015)等学者的问题内容，初步形成一份具有内在关联的调查问卷；在团队共同设计问卷阶段，召开修改讨论会议，邀请专家和不同专业的学生代表对问卷初稿提出修改意见；在不同群体的试调查阶段，邀请来自学校大一至大四各专业的40名学生进行小范围的试调查；在反馈修改阶段，根据试调查结果，对存在的相关问题加以修正，检验和提高问卷的信度和效度，从而形成最终的调查问卷(学生卷)。

为了提高调查样本的覆盖范围，课题组在全国东部、中部和西部高校总共投放了2500份调查问卷，这些高校分布在北京、上海、重庆、广东、吉林、江西、湖北、陕西、福建，包括"双一流"大学、普通本科院校和高职高专院校，总共13所高校。调查对象有理工科学生、文史类学生和艺体类学生。本次调查共回收了2382份问卷，回收率为95.28%。通过对回收问卷的分析，发现少部分问卷存在填写不完整或者前后矛盾等问题，因此将这部分问卷做无效问卷处理，总共剔除了196份无效问卷。本次调查最终以2186份有效问卷样本进行统计描述。

(二)问卷的描述

1. 关于调查对象基本情况的介绍

附录一中调查问卷(学生卷)主要分为四方面内容，包括对学生基本情况的了解，以及从认知、信念、践行三个层面调查学生的马克思主义信仰状况，因此这里先后从以上四个方面对调查结果展开描述。其中，调查对象基本情况的汇总描述如表 3-1 所示。另外，本部分内容因四舍五入的原因，数据之和与 100% 略有差异。

表 3-1　大学生的样本构成情况

题干	题支	人数（人）	占比（%）	题干	题支	人数（人）	占比（%）
性别	男	1127	51.6	校院班任职情况	担任	1149	52.6
	女	1059	48.4		没担任	1037	47.4
民族	汉族	1923	88.0	出生时间	2005 年之前	719	32.9
	少数民族	263	12.0		2005 年及之后	1467	67.1
户籍类别	城市	819	37.5	父亲政治面貌	中共党员	238	10.9
	乡镇	521	23.8		民主党派成员	29	1.3
	农村	846	38.7		群众	1919	87.8
就读大学位于我国	东部	958	43.8	母亲政治面貌	中共党员	187	8.6
	中部	576	26.4		民主党派成员	26	1.2
	西部	652	29.8		群众	1973	90.3
专业	理工科类	1052	48.1	就读大学类型	"双一流"大学	143	6.5
	文史类	819	37.5		普通本科院校	1472	67.3
	艺体类及其他	315	14.4		高职高专院校	571	26.1
年级	一年级	637	29.1	政治面貌	中共党员	84	3.8
	二年级	572	26.2		预备党员	214	9.8
	三年级	537	24.6		共青团员	1796	82.2
	四年级	440	20.1		群众	92	4.2
父亲信仰	马克思主义为 441 人，占比为 20.2%；佛教、基督教等宗教为 660 人，占比为 30.2%；金钱为 223 人，占比为 10.2%；职务权力为 376 人，占比为 17.2%；享乐为 172 人，占比为 7.9%；其他为 314 人，占比为 14.4%						
母亲信仰	马克思主义为 422 人，占比为 19.3%；佛教、基督教等宗教为 709 人，占比为 32.4%；金钱为 193 人，占比为 8.8%；职务权力为 291 人，占比为 13.3%；享乐为 184 人，占比为 8.4%；其他为 387 人，占比为 17.7%						

表3-1结果显示，从性别来看，男生人数和女生人数相对均衡，男生人数为1127人，女生人数为1059人，分别占总人数的51.6%和48.4%。从出生时间来看，出生于2005年之前的大学生有719人，占总人数的32.9%；出生于2005年及之后的大学生有1467人，占总人数的67.1%。从民族来看，汉族大学生1923人，占总人数的88.0%，其余为少数民族。从户籍类别来看，来自城市的大学生为819人，占总人数的37.5%；来自乡镇的大学生为521人，占总人数的23.8%；来自农村的大学生为846人，占总人数的38.7%。从就读大学所处区域来看，来自我国东部高校的大学生为958人，占总人数的43.8%；来自我国中部高校的大学生为576，占总人数的26.4%；来自我国西部高校的大学生为652人，占总人数的29.8%。从就读大学类型来看，来自"双一流"大学的学生为143人，占总人数的6.5%；来自普通本科院校的学生为1472人，占总人数的67.3%；来自高职高专院校的学生为571人，占总人数的26.1%。从专业来看，来自理工科类的大学生为1052人，占总人数的48.1%；来自文史类的大学生为819人，占总人数的37.5%；来自艺体类及其他专业的大学生为315人，占总人数的14.4%。从年级来看，各年级人数差异不大，一、二、三、四年级的大学生分别为637人、572人、537人、440人，分别占总人数的29.1%、26.2%、24.6%和20.1%。从校院班任职情况来看，有担任职务的学生为1149人，占比为52.6%；没有担任职务的学生为1037人，占比为47.4%。

从学生的政治面貌来看，中共党员为84人，预备党员为214人，共青团员为1796人，群众为92人，分别占总人数的3.8%、9.8%、82.2%、4.2%。从学生父亲的政治面貌来看，中共党员为238人，民主党派成员为29人，群众为1919人，分别占总人数的10.9%、1.3%、87.8%。从学生母亲的政治面貌来看，中共党员为187人，民主党派成员为26人，群众为1973人，分别占总人数的8.6%、1.2%、90.3%。从学生家长的信仰来看，信仰佛教、基督教等宗教的人数居多，其次是信仰马克思主义者，也有少数家长存在信仰金钱、职务权力以及享乐的现象。

2. 关于大学生对马克思主义认知状况的描述

B01."马克思主义是由马克思和恩格斯创立并为后继者所不断发展的科学理论体系。"选择"非常了解"的共1203人，占比为55.0%；选择"基本了解"的共 832 人，占比为 38.1%；选择"不确定"的共 117 人，占比为 5.4%；选择"基本不了解"的共 22 人，占比为 1.0%；选择"非常不了解"的共 12 人，占比为 0.5%。

B02."对立统一规律是唯物辩证法的实质和核心，揭示了事物变化发展的内在动力。"选择"非常了解"的共 1136 人，占比为 52.0%；选择"基本了解"的共 743 人，占比为 34.0%；选择"不确定"的共 201 人，占比为 9.2%；选择"基本不了解"的共 75 人，占比为 3.4%；选择"非常不了解"的共 31 人，占比为 1.4%。

B03."评价一个人时，既要看到他的优点，也要看到他的缺点。"选择"非常了解"的共 767 人，占比为 35.1%；选择"基本了解"的共 1183 人，占比为 54.1%；选择"不确定"的共 153 人，占比为 7.0%；选择"基本不了解"的共 61 人，占比为 2.8%；选择"非常不了解"的共 22 人，占比为 1.0%。

B04."事物的运动变化，总是先从微小的、不显著的变化开始，经过逐步积累而发生显著的、根本性的变化。"选择"非常了解"的共 1451 人，占比为 66.4%；选择"基本了解"的共 678 人，占比为 31.0%；选择"不确定"的共 32 人，占比为 1.5%；选择"基本不了解"的共 23 人，占比为 1.1%；选择"非常不了解"的共 2 人，占比为 0.1%。

B05."事物发展是前进性和曲折性的统一。"选择"非常了解"的共 617 人，占比为 28.2%；选择"基本了解"的共 1095 人，占比为 50.1%；选择"不确定"的共 312 人，占比为 14.3%；选择"基本不了解"的共 137 人，占比为 6.3%；选择"非常不了解"的共 25 人，占比为 1.1%。

B06."'为了学游泳，就得下水'说明了认识只有在实践中，在主体和客体的相互作用中才能完成。"选择"非常了解"的共 682 人，占比为 31.2%；选择"基本了解"的共 1038 人，占比为 47.5%；选择"不确定"的共 352 人，占比为 16.1%；选择"基本不了解"的共 78 人，占比为 3.6%；选择"非常不了解"的共 36 人，占比为 1.6%。

B07."'路遥知马力，日久见人心'，其哲学寓意为实践是检验真理的唯一标准。"选择"非常了解"的共 703 人，占比为 32.2%；选择"基本了解"的共 881 人，占比为 40.3%；选择"不确定"的共 253 人，占比为 11.6%；

选择"基本不了解"的共 176 人，占比为 8.1%；选择"非常不了解"的共 173 人，占比为 7.9%。

B08."人民群众是历史的创造者。"选择"非常了解"的共 789 人，占比为 36.1%；选择"基本了解"的共 920 人，占比为 42.1%；选择"不确定"的共 227 人，占比为 10.4%；选择"基本不了解"的共 136 人，占比为 6.2%；选择"非常不了解"的共 114 人，占比为 5.2%。

B09."俗语'一把钥匙开一把锁'说明了具体问题具体分析的哲学观点。"选择"非常了解"的共 634 人，占比为 29.0%；选择"基本了解"的共 1073 人，占比为 49.1%；选择"不确定"的共 224 人，占比为 10.2%；选择"基本不了解"的共 108 人，占比为 4.9%；选择"非常不了解"的共 147 人，占比为 6.7%。

B10."剩余价值论是无产阶级反对资产阶级、揭示资本主义制度剥削本质的锐利武器。"选择"非常了解"的共 609 人，占比为 27.9%；选择"基本了解"的共 728 人，占比为 33.3%；选择"不确定"的共 440 人，占比为 20.1%；选择"基本不了解"的共 217 人，占比为 9.9%；选择"非常不了解"的共 192 人，占比为 8.8%。

B11."资本主义政治制度本质上是为资产阶级利益服务的。"选择"非常了解"的共 679 人，占比为 31.1%；选择"基本了解"的共 854 人，占比为 39.1%；选择"不确定"的共 512 人，占比为 23.4%；选择"基本不了解"的共 75 人，占比为 3.4%；选择"非常不了解"的共 66 人，占比为 3.0%。

B12."中国共产党是以马克思主义理论为指导的政党。"选择"非常了解"的共 1906 人，占比为 87.2%；选择"基本了解"的共 280 人，占比为 12.8%；选择"不确定"的共 0 人，占比为 0；选择"基本不了解"的共 0 人，占比为 0；选择"非常不了解"的共 0 人，占比为 0。

B13."毛泽东思想与中国特色社会主义理论是马克思主义理论与中国实践相结合的产物。"选择"非常了解"的共 875 人，占比为 40.0%；选择"基本了解"的共 903 人，占比为 41.3%；选择"不确定"的共 220 人，占比为 10.1%；选择"基本不了解"的共 153 人，占比为 7.0%；选择"非常不了解"的共 35 人，占比为 1.6%。

B14."习近平新时代中国特色社会主义思想是当代中国马克思主义、

21 世纪马克思主义，实现了马克思主义中国化新的飞跃。"选择"非常了解"的共 689 人，占比为 31.5%；选择"基本了解"的共 883 人，占比为 40.4%；选择"不确定"的共 394 人，占比为 18.0%；选择"基本不了解"的共 153 人，占比为 7.0%；选择"非常不了解"的共 67 人，占比为 3.1%。

B15."坚持以人民为中心，是习近平新时代中国特色社会主义思想的重要内容。"选择"非常了解"的共 645 人，占比为 29.5%；选择"基本了解"的共 1049 人，占比为 48.0%；选择"不确定"的共 216 人，占比为 9.9%；选择"基本不了解"的共 178 人，占比为 8.1%；选择"非常不了解"的共 98 人，占比为 4.5%。

B16."坚持一个中国的原则是'和平统一、一国两制'的核心。"选择"非常了解"的共 1535 人，占比为 70.2%；选择"基本了解"的共 460 人，占比为 21.0%；选择"不确定"的共 109 人，占比为 5.0%；选择"基本不了解"的共 69 人，占比为 3.2%；选择"非常不了解"的共 13 人，占比为 0.6%。

B17."富强、民主、文明、和谐、自由、平等、公正、法治、爱国、敬业、诚信、友善是社会主义核心价值观的主要内容。"选择"非常了解"的共 1705 人，占比为 78.0%；选择"基本了解"的共 441 人，占比为 20.2%；选择"不确定"的共 28 人，占比为 1.3%；选择"基本不了解"的共 12 人，占比为 0.5%；选择"非常不了解"的共 0 人，占比为 0。

B18."党的二十大明确，从现在起，中国共产党的中心任务就是团结带领全国各族人民全面建成社会主义现代化强国、实现第二个百年奋斗目标，以中国式现代化全面推进中华民族伟大复兴。"选择"非常了解"的共 243 人，占比为 11.1%；选择"基本了解"的共 1137 人，占比为 52.0%；选择"不确定"的共 394 人，占比为 18.0%；选择"基本不了解"的共 319 人，占比为 14.6%；选择"非常不了解"的共 93 人，占比为 4.3%。

3. 关于大学生对马克思主义信念状况的描述

C01."马克思主义既是科学理论，也是一种信仰。"选择"非常同意"的共 789 人，占比为 36.1%；选择"基本同意"的共 636 人，占比为 29.1%；选择"不确定"的共 404 人，占比为 18.5%；选择"基本不同意"的共 341 人，占比为 15.6%；选择"非常不同意"的共 16 人，占比为 0.7%。

C02."思想政治理论课有利于我树立马克思主义信仰。"选择"非常同意"的共 692 人，占比为 31.7%；选择"基本同意"的共 857 人，占比为 39.2%；选择"不确定"的共 436 人，占比为 19.9%；选择"基本不同意"的共 155 人，占比为 7.1%；选择"非常不同意"的共 46 人，占比为 2.1%。

C03."党史学习教育让我感悟到马克思主义的真理力量和实践力量。"选择"非常同意"的共 653 人，占比为 29.9%；选择"基本同意"的共 720 人，占比为 32.9%；选择"不确定"的共 574 人，占比为 26.3%；选择"基本不同意"的共 169 人，占比为 7.7%；选择"非常不同意"的共 70 人，占比为 3.2%。

C04."我能津津有味地听老师讲马克思主义理论和马克思主义中国化的相关知识。"选择"非常同意"的共 488 人，占比为 22.3%；选择"基本同意"的共 731 人，占比为 33.4%；选择"不确定"的共 421 人，占比为 19.3%；选择"基本不同意"的共 316 人，占比为 14.5%；选择"非常不同意"的共 230 人，占比为 10.5%。

C05."马克思主义是科学的世界观和方法论，这是我学习马克思主义理论的动力。"选择"非常同意"的共 773 人，占比为 35.4%；选择"基本同意"的共 903 人，占比为 41.3%；选择"不确定"的共 319 人，占比为 14.6%；选择"基本不同意"的共 148 人，占比为 6.8%；选择"非常不同意"的共 43 人，占比为 2.0%。

C06."马克思认为世界的本原是物质的，我觉得这是一个客观真理。"选择"非常同意"的共 617 人，占比为 28.2%；选择"基本同意"的共 968 人，占比为 44.3%；选择"不确定"的共 432 人，占比为 19.8%；选择"基本不同意"的共 129 人，占比为 5.9%；选择"非常不同意"的共 40 人，占比为 1.8%。

C07."'牵牛要牵牛鼻子'这个俗语反映了我们做事要善于抓住主要矛盾。对此，我是比较赞同的。"选择"非常同意"的共 804 人，占比为 36.8%；选择"基本同意"的共 902 人，占比为 41.3%；选择"不确定"的共 272 人，占比为 12.4%；选择"基本不同意"的共 132 人，占比为 6.0%；选择"非常不同意"的共 76 人，占比为 3.5%。

C08."马克思主义关于资本主义经济关系的揭示是科学的。"选择"非常同意"的共 783 人，占比为 35.8%；选择"基本同意"的共 903 人，占比为 41.3%；选择"不确定"的共 287 人，占比为 13.1%；选择"基本不同意"的共 131 人，占比为 6.0%；选择"非常不同意"的共 82 人，占比为 3.8%。

C09. "我向往马克思所描述的共产主义社会。"选择"非常同意"的共 703 人，占比为 32.2%；选择"基本同意"的共 732 人，占比为 33.5%；选择"不确定"的共 426 人，占比为 19.5%；选择"基本不同意"的共 198 人，占比为 9.1%；选择"非常不同意"的共 127 人，占比为 5.8%。

C10. "人类历史的发展不断地实现着人的自由和解放，我愿意把马克思主义作为自己的理想信念。"选择"非常同意"的共 649 人，占比为 29.7%；选择"基本同意"的共 896 人，占比为 41.0%；选择"不确定"的共 471 人，占比为 21.5%；选择"基本不同意"的共 113 人，占比为 5.2%；选择"非常不同意"的共 57 人，占比为 2.6%。

C11. "我周围有的同学不相信马克思主义理论，这对我影响不大。"选择"非常同意"的共 732 人，占比为 33.5%；选择"基本同意"的共 901 人，占比为 41.2%；选择"不确定"的共 413 人，占比为 18.9%；选择"基本不同意"的共 87 人，占比为 4.0%；选择"非常不同意"的共 53 人，占比为 2.4%。

C12. "马克思主义引领我们的生活越来越好。"选择"非常同意"的共 843 人，占比为 38.6%；选择"基本同意"的共 1097 人，占比为 50.2%；选择"不确定"的共 178 人，占比为 8.1%；选择"基本不同意"的共 42 人，占比为 1.9%；选择"非常不同意"的共 26 人，占比为 1.2%。

C13. "必须坚持马克思主义在我国意识形态领域的指导地位。"选择"非常同意"的共 916 人，占比为 41.9%；选择"基本同意"的共 733 人，占比为 33.5%；选择"不确定"的共 230 人，占比为 10.5%；选择"基本不同意"的共 172 人，占比为 7.9%；选择"非常不同意"的共 135 人，占比为 6.2%。

C14. "我会把马克思主义理论作为自己行动的指导思想，并坚定地坚持下去。"选择"非常同意"的共 537 人，占比为 24.6%；选择"基本同意"的共 859 人，占比为 39.3%；选择"不确定"的共 379 人，占比为 17.3%；选择"基本不同意"的共 228 人，占比为 10.4%；选择"非常不同意"的共 183 人，占比为 8.4%。

C15. "我愿意为了共产主义的实现做一些有益的事情。"选择"非常同意"的共 863 人，占比为 39.5%；选择"基本同意"的共 776 人，占比为 35.5%；选择"不确定"的共 286 人，占比为 13.1%；选择"基本不同意"的共 179 人，占比为 8.2%；选择"非常不同意"的共 82 人，占比为 3.8%。

C16. "我相信中国梦在党的领导和人民的共同努力下一定能够实现。"选择"非常同意"的共 890 人，占比为 40.7%；选择"基本同意"的共 853 人，占比为 39.0%；选择"不确定"的共 237 人，占比为 10.8%；选择"基本不同意"的共 137 人，占比为 6.3%；选择"非常不同意"的共 69 人，占比为 3.2%。

4. 关于大学生对马克思主义践行状况的描述

D01. "对于生活中出现的一些问题，我会用马克思主义的立场、观点和方法进行分析。"选择"非常同意"的共 617 人，占比为 28.2%；选择"基本同意"的共 829 人，占比为 37.9%；选择"不确定"的共 481 人，占比为 22.0%；选择"基本不同意"的共 226 人，占比为 10.3%；选择"非常不同意"的共 33 人，占比为 1.5%。

D02. "我积极参加社会实践活动，并在活动中践行社会主义核心价值观。"选择"非常同意"的共 791 人，占比为 36.2%；选择"基本同意"的共 947 人，占比为 43.3%；选择"不确定"的共 229 人，占比为 10.5%；选择"基本不同意"的共 176 人，占比为 8.1%；选择"非常不同意"的共 43 人，占比为 2.0%。

D03. "在公众场合听到一些反马克思主义的言论，我会据理力争，捍卫马克思主义。"选择"非常同意"的共 243 人，占比为 11.1%；选择"基本同意"的共 438 人，占比为 20.0%；选择"不确定"的共 314 人，占比为 14.4%；选择"基本不同意"的共 705 人，占比为 32.3%；选择"非常不同意"的共 486 人，占比为 22.2%。

D04. "我有时会向我的朋友和亲人宣传马克思主义理论。"选择"非常同意"的共 207 人，占比为 9.5%；选择"基本同意"的共 367 人，占比为 16.8%；选择"不确定"的共 836 人，占比为 38.2%；选择"基本不同意"的共 651 人，占比为 29.8%；选择"非常不同意"的共 125 人，占比为 5.7%。

D05. "我会到红色景点旅游。"选择"非常同意"的共 492 人，占比为 22.5%；选择"基本同意"的共 784 人，占比为 35.9%；选择"不确定"的共 569 人，占比为 26.0%；选择"基本不同意"的共 215 人，占比为 9.8%；选择"非常不同意"的共 126 人，占比为 5.8%。

D06. "我会阅读马克思主义的经典文献。"选择"非常同意"的共 341 人，占比为 15.6%；选择"基本同意"的共 704 人，占比为 32.2%；选择"不确定"的共 593 人，占比为 27.1%；选择"基本不同意"的共 341 人，占比为 15.6%；选择"非常不同意"的共 207 人，占比为 9.5%。

D07. "我会阅读《习近平谈治国理政》等马克思主义中国化的最新成果。"选择"非常同意"的共 443 人，占比为 20.3%；选择"基本同意"的共 762 人，占比为 34.9%；选择"不确定"的共 479 人，占比为 21.9%；选择"基本不同意"的共 267 人，占比为 12.2%；选择"非常不同意"的共 235 人，占比为 10.8%。

D08. "我会经常在'学习强国'上阅读文章。"选择"非常同意"的共 403 人，占比为 18.4%；选择"基本同意"的共 779 人，占比为 35.6%；选择"不确定"的共 484 人，占比为 22.1%；选择"基本不同意"的共 343 人，占比为 15.7%；选择"非常不同意"的共 177 人，占比为 8.1%。

D09. "我会参加学校举办的马克思主义理论、党史党建方面的讲座。"选择"非常同意"的共 316 人，占比为 14.5%；选择"基本同意"的共 610 人，占比为 27.9%；选择"不确定"的共 745 人，占比为 34.1%；选择"基本不同意"的共 308 人，占比为 14.1%；选择"非常不同意"的共 207 人，占比为 9.5%。

D10. "我会主动关注国家大事、关心社会发展。"选择"非常同意"的共 679 人，占比为 31.1%；选择"基本同意"的共 1027 人，占比为 47.0%；选择"不确定"的共 109 人，占比为 5.0%；选择"基本不同意"的共 265 人，占比为 12.1%；选择"非常不同意"的共 106 人，占比为 4.8%。

D11. "我平时会力所能及地做一些有益于他人的事情。"选择"非常同意"的共 613 人，占比为 28.0%；选择"基本同意"的共 751 人，占比为 34.4%；选择"不确定"的共 492 人，占比为 22.5%；选择"基本不同意"的共 201 人，占比为 9.2%；选择"非常不同意"的共 129 人，占比为 5.9%。

D12. "我愿意为加入中国共产党而努力。"选择"非常同意"的共 572 人，占比为 26.2%；选择"基本同意"的共 1034 人，占比为 47.3%；选择"不确定"的共 362 人，占比为 16.6%；选择"基本不同意"的共 163 人，占比为

7.5%；选择"非常不同意"的共 55 人，占比为 2.5%。

D13. "在择业时，我会更看重工作的社会价值，而不仅仅是薪酬待遇。"选择"非常同意"的共 628 人，占比为 28.7%；选择"基本同意"的共 659 人，占比为 30.1%；选择"不确定"的共 432 人，占比为 19.8%；选择"基本不同意"的共 319 人，占比为 14.6%；选择"非常不同意"的共 148 人，占比为 6.8%。

D14. "我的人生追求是把实现个人价值和社会价值有机统一起来。"选择"非常同意"的共 463 人，占比为 21.2%；选择"基本同意"的共 857 人，占比为 39.2%；选择"不确定"的共 427 人，占比为 19.5%；选择"基本不同意"的共 326 人，占比为 14.9%；选择"非常不同意"的共 113 人，占比为 5.2%。

D15. "共产主义不是虚无缥缈的，而是一种伟大的现实运动，需要我们每个人当下的努力奋斗。"选择"非常同意"的共 570 人，占比为 26.1%；选择"基本同意"的共 728 人，占比为 33.3%；选择"不确定"的共 767 人，占比为 35.1%；选择"基本不同意"的共 66 人，占比为 3.0%；选择"非常不同意"的共 55 人，占比为 2.5%。

二、关于高校思政课教师的调查描述

(一) 问卷制作与投放说明

高校思政课教师是大学生马克思主义信仰教育活动的重要施教主体。课题组对高校思政课教师开展问卷调查，主要目的是了解教师个人情况、施教状况和条件保障。为了保障调查问卷制作的科学性和规范性，同样按照"确定目标—操作概念—选择变量—个人设计问卷—团队共同设计问卷—不同群体的试调查—反馈修改"七个步骤开展设计，经过多次修改和试调查后，最终形成了一份包含教师个人基本情况、教师的信仰状况、马克思主义信仰教育施教状况、马克思主义信仰教育保障状况的调查问卷。

课题组共投放了 400 份调查问卷，其所投放的高校与学生问卷投放的高校保持一致，总共 13 所高校。调查问卷的回收率较高，共回收 382 份问卷，回收率达 95.5%。通过对回收问卷的分析，剔除了 7 份无效问卷，有效率为 93.75%。因此，本次调查最终以 375 份有效问卷样本进行统计描述。

(二)问卷的描述

1. 关于调查对象基本情况的介绍

附录二中调查问卷(教师卷)主要分为四方面内容，包括对教师基本情况的了解，以及对教师个人信仰状况、施教状况、保障状况的调查。其中，教师个人基本情况的汇总描述如表 3-2 所示。

表 3-2　高校思政课教师的样本构成情况

题干	题支	人数(人)	占比(%)	题干	题支	人数(人)	占比(%)
性别	男	177	47.2	行政职务	担任	67	17.9
	女	198	52.8		没担任	308	82.1
民族	汉族	341	90.9	海外学习经历	有	16	4.3
	少数民族	34	9.1		没有	359	95.7
最高学历	专科	0	0	职称	助教	43	11.5
	本科	27	7.2		讲师或助理研究员	212	56.5
	硕士研究生	259	69.1		副教授或副研究员	93	24.8
	博士研究生	89	23.7		教授或研究员	27	7.2
政治面貌	中共党员	296	78.9	教龄	5 年以下	52	13.9
	预备党员	23	6.1		5~10 年	167	44.5
	民主党派成员	6	1.6		11~20 年	117	31.2
	群众	50	13.3		20 年以上	39	10.4
工作的大学位于我国	东部	136	36.3	工作的学校类型	"双一流"大学	38	10.1
	中部	112	29.9		普通本科院校	261	69.6
	西部	127	33.9		高职高专院校	76	20.3

表 3-2 反映了高校思政课教师样本的基本情况，从性别来看，男性教

师为 177 人，女性教师为 198 人，分别占总人数的 47.2% 和 52.8%。从民族来看，汉族教师为 341 人，少数民族教师为 34 人，分别占总人数的 90.9% 和 9.1%。从最高学历来看，硕士研究生和博士研究生学历教师占据绝大多数，分别占总人数的 69.1% 和 23.7%；本科学历教师为 27 人，占总人数的 7.2%；专科学历教师为 0 人。从政治面貌来看，中共党员为 296 人，预备党员为 23 人，民主党派成员为 6 人，群众 50 人，分别占总人数的 78.9%、6.1%、1.6%、13.3%。从担任行政职务的情况来看，担任行政职务的教师为 67 人，没有担任行政职务的教师为 308 人，分别占总人数的 17.9% 和 82.1%。从海外学习经历来看，有海外学习经历的教师数量很少，仅为 16 人，占总人数的 4.3%；没有海外学习经历的教师为 359 人，占总人数的 95.7%。从职称情况来看，助教为 43 人，占总人数的 11.5%；讲师或助理研究员为 212 人，占总人数的 56.5%；副教授或副研究员为 93 人，占总人数的 24.8%；教授或研究员为 27 人，占总人数的 7.2%。从教龄情况来看，5 年以下的教师为 52 人，占总人数的 13.9%；5~10 年的教师为 167 人，占总人数的 44.5%；11~20 年的教师为 117 人，占总人数的 31.2%；20 年以上的教师为 39 人，占总人数的 10.4%。从工作学校的所处区域来看，来自我国东部高校的教师为 136 人，占总人数的 36.3%；来自我国中部高校的教师为 112 人，占总人数的 29.9%；来自我国西部高校的教师为 127 人，占总人数的 33.9%。从工作的学校类型来看，来自"双一流"大学的教师为 38 人，占总人数的 10.1%；来自普通本科院校的教师为 261 人，占总人数的 69.6%；来自高职高专院校的教师为 76 人，占总人数的 20.3%。

2. 关于教师信仰状况的描述

B01. "您认为西方发达国家的政治经济制度如何?"选择"优大于弊"的共 0 人，占比为 0；选择"优小于弊"的共 375 人，占比为 100%；选择"优劣相当"的共 0 人，占比为 0；选择"不清楚"的共 0 人，占比为 0。

B02. "您是否喜欢讲授思想政治理论课?"选择"非常喜欢"的共 106 人，占比为 28.3%；选择"比较喜欢"的共 201 人，占比为 53.6%；选择"不太喜欢"的共 27 人，占比为 7.2%；选择"不确定"的共 41 人，占比为 10.9%。

B03. "您是否觉得思想政治理论课教师是一份使命光荣的育人职业?"选择"是"的共 307 人，占比为 81.9%；选择"否"的共 25 人，占比为

6.7%；选择"不确定"的共 43 人，占比为 11.5%。

B04."您认为马克思主义信仰与宗教信仰是否矛盾?"选择"矛盾"的共 349 人，占比为 93.1%；选择"不矛盾"的共 0 人，占比为 0；选择"不清楚"的共 26 人，占比为 6.9%。

B05."您是否会经常关注和阅读马克思主义方面的最新理论成果?"选择"经常"的共 331 人，占比为 88.3%；选择"有时"的共 39 人，占比为 10.4%；选择"偶尔"的共 5 人，占比为 1.3%；选择"不会"的共 0 人，占比为 0。

B06."您认为马克思主义过时了吗?"选择"完全过时"的共 0 人，占比为 0；选择"有些过时"的共 0 人，占比为 0；选择"没有过时"的共 375 人，占比为 100%。

B07."除单位组织外，您会选择到红色景点旅游吗?"选择"会"的共 312 人，占比为 83.2%；选择"不会"的共 6 人，占比为 1.6%；选择"不确定"的共 57 人，占比为 15.2%。

B08."您会给自己子女或者家人宣传马克思主义吗?"选择"经常"的共 274 人，占比为 73.1%；选择"有时"的共 78 人，占比为 20.8%；选择"偶尔"的共 23 人，占比为 6.1%；选择"不会"的共 0 人，占比为 0。

B09."您会在微信、微博、QQ 等互联网社交平台上传播马克思主义吗?"选择"经常"的共 131 人，占比为 34.9%；选择"有时"的共 147 人，占比为 39.2%；选择"偶尔"的共 72 人，占比为 19.2%；选择"不会"的共 25 人，占比为 6.7%。

B10."您觉得周围其他思政课教师有坚定的马克思主义信仰吗?"选择"全部有"的共 92 人，占比为 24.5%；选择"大部分有"的共 231 人，占比为 61.6%；选择"部分有"的共 32 人，占比为 8.5%；选择"全无"的共 0 人，占比为 0；选择"不清楚"的共 20 人，占比为 5.3%。

3. 关于马克思主义信仰教育施教状况的描述

C01."在日常教学活动中，您有将帮助学生树立马克思主义信仰明确为教学目标吗?"选择"非常明确"的共 283 人，占比为 75.5%；选择"比较明确"的共 84 人，占比为 22.4%；选择"不太明确"的共 8 人，占比为 2.1%；选择"没有明确"的共 0 人，占比为 0。

C02."在课堂上，您会为学生讲述或讨论关于信仰的话题吗?"选择"经常"的共 331 人，占比为 88.3%；选择"有时"的共 30 人，占比为 8.0%；

选择"偶尔"的共 14 人，占比为 3.7%；选择"不会"的共 0 人，占比为 0。

C03."您会引导学生从伟大建党精神中感悟马克思主义的真理伟力吗?"选择"经常"的共 46 人，占比为 12.3%；选择"有时"的共 170 人，占比为 45.3%；选择"偶尔"的共 153 人，占比为 40.8%；选择"不会"的共 6 人，占比为 1.6%。

C04."您认为培育大学生马克思主义信仰的最有效途径是什么?"选择"思想政治理论课课程的教育"的共 241 人，占比为 64.3%；选择"党的宣传和其他媒体途径"的共 42 人，占比为 11.2%；选择"教师的信仰与职业素养"的共 38 人，占比为 10.1%；选择"辅导员的日常教育"的共 34 人，占比为 9.1%；选择"同学朋友的影响"的共 12 人，占比为 3.2%；选择"其他途径"的共 8 人，占比为 2.1%。

C05."有些学生缺乏马克思主义信仰，您认为产生的原因是什么?"选择"社会多元文化的影响"的共 79 人，占比为 21.1%；选择"人们更多地追求物质生活，相对忽视了精神家园的建设"的共 72 人，占比为 19.2%；选择"学生对马克思主义缺乏真正的了解"的共 117 人，占比为 31.2%；选择"学校的马克思主义信仰教育水平有待提升"的共 107 人，占比为 28.5%。

C06."有些思政课教师讲课对学生缺乏吸引力，您认为最重要的原因是什么?"选择"教师自身对马克思主义缺乏足够的信仰"的共 30 人，占比为 8.0%；选择"教师理论功底欠缺，对学生的疑问无法做出有说服力的解答"的共 49 人，占比为 13.1%；选择"教师上课照本宣科"的共 204 人，占比为 54.4%；选择"教学方式陈旧单一"的共 92 人，占比为 24.5%。

C07."有些学生认为思政课乏味，您认为第一原因是什么?"选择"思政课教学内容与学生所学专业无关，学生不重视或缺乏兴趣"的共 103 人，占比为 27.5%；选择"教师的教学水平差，上课无生机"的共 47 人，占比为 12.5%；选择"教学班级人数太多，给教学互动带来较大困难"的共 102 人，占比为 27.2%；选择"其他"的共 123 人，占比为 32.8%。

C08."您认为当前提高学生学习马克思主义的兴趣，关键在于什么?"选择"加强与学生的沟通，深入了解学生的思想困惑与需求"的共 169 人，占比为 45.1%；选择"改进教学方式，提高教学质量"的共 128 人，占比为 34.1%；选择"加强课堂管理与教学激励"的共 62 人，占比为 16.5%；选择"其他"的共 16 人，占比为 4.3%。

C09."您自认为擅长讲授马克思主义基本原理吗?"选择"非常擅长"的共 38 人，占比为 10.1%；选择"比较擅长"的共 213 人，占比为 56.8%；选择"一般"的共 116 人，占比为 30.9%；选择"不太擅长"的共 8 人，占比为 2.1%。

C10."您对学校思想政治理论课的整体教学水平与效果是否满意?"选择"十分满意"的共 19 人，占比为 5.1%；选择"比较满意"的共 227 人，占比为 60.5%；选择"一般满意"的共 120 人，占比为 32.0%；选择"不满意"的共 9 人，占比为 2.4%。

4. 关于马克思主义信仰教育保障状况的描述

D01."近年来，您所在学校是否有加强马克思主义在意识形态领域的指导地位?"选择"全面加强"的共 252 人，占比为 67.2%；选择"有所加强"的共 109 人，占比为 29.1%；选择"不明显"的共 14 人，占比为 3.7%。

D02."您所在学校有明确的大学生马克思主义信仰培育、评价和反馈等机制吗?"选择"有"的共 173 人，占比为 46.1%；选择"没有"的共 125 人，占比为 33.3%；选择"不清楚"的共 77 人，占比为 20.5%。

D03."您所在学校是否有成立与马克思主义相关的团体和组织?"选择"有"的共 307 人，占比为 81.9%；选择"没有"的共 6 人，占比为 1.6%；选择"不清楚"的共 62 人，占比为 16.5%。

D04."您在学校创建的媒体平台上是否经常看到关于马克思主义的内容?"选择"经常"的共 137 人，占比为 36.5%；选择"有时"的共 165 人，占比为 44.0%；选择"偶尔"的共 73 人，占比为 19.5%；选择"不会"的共 0 人，占比为 0。

D05."您所在学校每年是否会组织教师到红色基地学习考察?"选择"是"的共 375 人，占比为 100%；选择"否"的共 0 人，占比为 0。

D06."您所在学校会经常邀请马克思主义理论专家讲学吗?"选择"经常"的共 162 人，占比为 43.2%；选择"有时"的共 181 人，占比为 48.3%；选择"偶尔"的共 32 人，占比为 8.5%；选择"不会"的共 0 人，占比为 0。

D07."您所在学校是否根据全日制在校生总数，严格按照师生比不低于 1∶350 的比例核定专职思政课教师岗位?"选择"达到比例要求"的共 264 人，占比为 70.4%；选择"尚未达到比例要求"的共 73 人，占比为 19.5%；选择"不清楚"的共 38 人，占比为 10.1%。

D08.“您所在学校是否有设立思政课教师岗位津贴?”选择“有”的共275人,占比为73.3%;选择“名义设立,但实际工资待遇没有提升”的共34人,占比为9.1%;选择“没有”的共66人,占比为17.6%。

D09.“您所在学校的思政课上课时间是否会安排在晚上?”选择“经常”的共16人,占比为4.3%;选择“有时”的共32人,占比为8.5%;选择“偶尔”的共192人,占比为51.2%;选择“不会”的共135人,占比为36.0%。

D10.“您觉得授课班级人数是否太多?”选择“很多”的共137人,占比为36.5%;选择“比较多”的共183人,占比为48.8%;选择“一般”的共55人,占比为14.7%;选择“不多”的共0人,占比为0。

D11.“近年来,您所在学校是否有加强配备思政课教师开展教学科研所需的办公空间、硬件设备和图书资料?”选择“有”的共276人,占比为73.6%;选择“没有”的共91人,占比为24.3%;选择“不清楚”的共8人,占比为2.1%。

D12.“近年来,您觉得作为思政课教师在学校教师中的地位是否有提高?”选择“明显”的共97人,占比为25.9%;选择“比较明显”的共192人,占比为51.2%;选择“不明显”的共36人,占比为9.6%;选择“没有”的共50人,占比为13.3%。

D13.“对于政治立场、政治方向、政治原则、政治道路上不能同党中央保持一致的思政课教师,您所在学校是否有建立相关岗位退出机制?”选择“有”的共287人,占比为76.5%;选择“没有”的共36人,占比为9.6%;选择“不清楚”的共52人,占比为13.9%。

三、关于高校辅导员的调查描述

(一)问卷制作与投放说明

高校辅导员是大学生马克思主义信仰教育的一线骨干力量,与学生日常生活联系最为密切。为从高校辅导员工作视角深入了解大学生马克思主义信仰教育现状,我们对高校辅导员开展问卷调查,主要目的是了解辅导员个人基本情况、信仰状况、施教状况和教育保障。调查问卷的制作过程仍然按照“确定目标—操作概念—选择变量—个人设计问卷—团队共同设计问卷—不同群体的试调查—反馈修改"七个步骤开展设计，经过多次修改和试调查后，最终形成一份包含辅导员基本情况、个人信仰状况、马克思主义信仰教育施教状况、马克思主义信仰教育保障状况的调查问卷（见附录三）。

课题组共投放了 500 份调查问卷，其所投放的高校与教师问卷、学生问卷投放的高校保持一致，总共 13 所高校。调查问卷的回收率为 94.2%，共 471 份。通过对回收问卷的分析，剔除了 11 份无效问卷，有效率为92.0%。因此，本次调查最终以 460 份有效问卷样本进行统计描述。

（二）问卷的描述

1. 关于调查对象基本情况的介绍

附录三中调查问卷（辅导员卷）主要分为四方面内容，包括对辅导员基本情况的了解，以及对辅导员个人信仰状况、施教状况、保障状况的调查。其中，辅导员个人基本情况的汇总描述如表3-3所示。

表 3-3　高校辅导员的样本构成情况

题干	题支	人数（人）	占比（%）	题干	题支	人数（人）	占比（%）
性别	男	267	58.0	专兼任	专任辅导员	407	88.5
	女	193	42.0		兼任辅导员	53	11.5
民族	汉族	426	92.6	海外学习经历	有	25	5.4
	少数民族	34	7.4		没有	435	94.6
最高学历	专科	2	0.4	职称	初级	190	41.3
	本科	50	10.9		中级	246	53.5
	硕士研究生	398	86.5		副高	21	4.6
	博士研究生	10	2.2		正高	3	0.7
政治面貌	中共党员	336	73.0	担任辅导员年限	3 年以下	67	14.6
	预备党员	48	10.4		3~6 年	204	44.3
	民主党派成员	19	4.1		7~10 年	158	34.3
	群众	57	12.4		10 年以上	31	6.7
工作的学校位于我国	东部	177	38.5	工作的学校类型	"双一流"大学	52	11.3
	中部	156	33.9		普通本科院校	323	70.2
	西部	127	27.6		高职高专院校	85	18.5

表3-3反映了高校辅导员样本的基本情况，从性别来看，男性辅导员为267人，女性辅导员为193人，分别占总人数的58.0%和42.0%。从民族来看，汉族辅导员为426人，少数民族辅导员为34人，分别占总人数的92.6%和7.4%。从最高学历来看，硕士研究生和本科学历辅导员占据绝大多数，分别占总人数的86.5%和10.9%，博士研究生学历辅导员为10人，占总人数的2.2%；专科学历辅导员为2人，占总人数的0.4%。从政治面貌来看，中共党员为336人，预备党员为48人，民主党派成员为19人，群众为57人，分别占总人数的73.0%、10.4%、4.1%和12.4%。从专兼任情况来看，专任辅导员为407人，兼任辅导员为53人，分别占总人数的88.5%和11.5%。从海外学习经历来看，有海外学习经历的辅导员仅为25人，占总人数的5.4%；没有海外学习经历的辅导员为435人，占总人数的94.6%。从职称情况来看，初级职称辅导员为190人，占总人数的41.3%；中级职称辅导员为246人，占总人数的53.5%；副高职称辅导员为21人，占总人数的4.6%；正高职称辅导员为3人，占总人数的0.7%。从担任辅导员年限来看，担任辅导员3年以下的为67人，占总人数的14.6%；担任辅导员3~6年的为204人，占总人数的44.3%；担任辅导员7~10年的为158人，占总人数的34.3%；担任辅导员10年以上的为31人，占总人数的6.7%。从工作学校的所处区域来看，来自我国东部高校的辅导员为177人，占总人数的38.5%；来自我国中部高校的辅导员为156人，占总人数的33.9%；来自我国西部高校的辅导员为127人，占总人数的27.6%。从工作的学校类型来看，来自"双一流"大学的辅导员为52人，占总人数的11.3%；来自普通本科院校的辅导员为323人，占总人数的70.2%；来自高职高专院校的辅导员为85人，占总人数的18.5%。

2. 关于辅导员信仰状况的描述

B01. "您认为西方发达国家的政治经济制度如何？"选择"优大于弊"的共0人，占比为0；选择"优小于弊"的共455人，占比为98.9%；选择"优劣相当"的共0人，占比为0；选择"不清楚"的共5人，占比为1.1%。

B02. "您是否有马克思主义理论学科背景？"选择"有"的共151人，占比32.8%；选择"没有"的共309人，占比67.2%。

B03. "您是否会有意识地将马克思主义世界观、方法论运用于学生工作中?"选择"经常"的共 114 人，占比为 24.8%；选择"有时"的共 171 人，占比为 37.2%；选择"偶尔"的共 175 人，占比为 38.0%；选择"不会"的共 0 人，占比为 0。

B04. "您是否会经常关注和阅读马克思主义方面的最新理论成果?"选择"经常"的共 195 人，占比为 42.4%；选择"有时"的共 172 人，占比为 37.4%；选择"偶尔"的共 93 人，占比为 20.2%；选择"不会"的共 0 人，占比为 0。

B05. "您平时会给学生宣传马克思主义吗?"选择"经常"的共 96 人，占比为 20.9%；选择"有时"的共 145 人，占比为 31.5%；选择"偶尔"的共 197 人，占比为 42.8%；选择"不会"的共 22 人，占比为 4.8%。

B06. "您认为马克思主义信仰与宗教信仰是否矛盾?"选择"矛盾"的共 416 人，占比为 90.4%；选择"不矛盾"的共 0 人，占比为 0；选择"不清楚"的共 44 人，占比为 9.6%。

B07. "您认为辅导员的马克思主义素养是否有利于提高其自身工作开展水平?"选择"是的"的共 383 人，占比为 83.2%；选择"不是"的共 0 人，占比为 0；选择"不清楚"的共 77 人，占比为 16.7%。

B08. "除单位组织外，您会选择到红色景点旅游吗?"选择"会"的共 341 人，占比为 74.1%；选择"不会"的共 28 人，占比为 6.1%；选择"不确定"的共 91 人，占比为 19.8%。

B09. "面对学生受不良思潮的影响，您是否会捍卫马克思主义在自身工作中的指导地位?"选择"会"的共 460 人，占比为 100%；选择"不会"的共 0 人，占比为 0；选择"不确定"的共 0 人，占比为 0。

B10. "您觉得周围其他辅导员有坚定的马克思主义信仰吗?"选择"全部有"的共 89 人，占比为 19.3%；选择"大部分有"的共 232 人，占比为 50.4%；选择"部分有"的共 96 人，占比为 20.9%；选择"全无"的共 0 人，占比为 0；选择"不清楚"的共 43 人，占比为 9.3%。

3. 关于马克思主义信仰教育施教状况的描述

C01. "在工作中，您会将帮助学生树立马克思主义信仰明确为工作目标之一吗?"选择"非常明确"的共 166 人，占比为 36.1%；选择"比较明确"的共 221 人，占比为 48.0%；选择"不太明确"的共 53 人，占比为 11.5%；

选择"没有明确"的共 20 人，占比为 4.3%。

C02."在工作中，您会和学生交流关于信仰的话题吗？"选择"经常"的共 90 人，占比为 19.6%；选择"有时"的共 152 人，占比为 33.0%；选择"偶尔"的共 204 人，占比为 44.3%；选择"不会"的共 14 人，占比为 3.0%。

C03."您认为做好学生的马克思主义信仰教育工作，关键在于什么？"选择"走进大学生做好零距离的思想工作"的共 238 人，占比为 51.7%；选择"及时和班主任、各科教师及时沟通，了解学生情况"的共 65 人，占比为 14.1%；选择"调动党员，利用骨干积极做好工作"的共 53 人，占比为 11.5%；选择"指导党支部建设调动学生积极进行"的共 93 人，占比为 20.2%；选择"其他"的共 11 人，占比为 2.4%。

C04."您会在学生工作中组织开展红色主题教育活动吗？"选择"经常"的共 199 人，占比为 43.2%；选择"有时"的共 233 人，占比为 50.7%；选择"偶尔"的共 28 人，占比为 6.1%；选择"不会"的共 0 人，占比为 0。

C05."您是否会运用中国共产党的奋斗史来激励学生做好新时代的接班人？"选择"经常"的共 83 人，占比为 18.0%；选择"有时"的共 219 人，占比为 47.6%；选择"偶尔"的共 158 人，占比为 34.3%；选择"不会"的共 0 人，占比为 0。

C06."您在工作中扮演的学生的最主要角色是什么？"选择"生活管家"的共 10 人，占比为 2.2%；选择"大学生思想政治教育的骨干力量"的共 237 人，占比为 51.5%；选择"辅导咨询服务"的共 83 人，占比为 18.0%；选择"班级管理"的共 130 人，占比为 28.3%。

C07."您认为辅导员最关心学生的什么问题？"选择"政治思想问题"的共 283 人，占比为 61.5%；选择"学习问题"的共 37 人，占比为 8.0%；选择"生活问题"的共 22 人，占比为 4.8%；选择"心理问题"的共 53 人，占比为 11.5%；选择"就业问题"的共 65 人，占比为 14.1%；选择"其他"的共 0 人，占比为 0。

C08."作为辅导员，您平时工作的大部分时间是用在以下哪个方面？"选择"学生思想政治教育工作"的共 180 人，占比为 39.1%；选择"学生事务管理工作"的共 230 人，占比为 50.0%；选择"学生发展指导工作"的共 50 人，占比为 10.9%；选择"其他"的共 0 人，占比为 0。

C09. "您会积极鼓励学生加入中国共产党吗?"选择"会"的共 440 人，占比为 95.7%；选择"不会"的共 0 人，占比为 0；选择"顺其自然"的共 20 人，占比为 4.3%。

C10. "您是否会在学生微信群或者 QQ 群中传播马克思主义?"选择"经常"的共 152 人，占比为 33.0%；选择"有时"的共 241 人，占比为 52.4%；选择"偶尔"的共 67 人，占比为 14.6%；选择"不会"的共 0 人，占比为 0。

C11. "您是否经常组织学生学习马克思主义中国化的最新理论成果?"选择"经常"的共 120 人，占比为 26.1%；选择"有时"的共 223 人，占比为 48.5%；选择"偶尔"的共 117 人，占比为 25.4%；选择"不会"的共 0 人，占比为 0。

C12. "您认为培育大学生马克思主义信仰的最有效途径是什么?"选择"思想政治理论课课程的教育"的共 194 人，占比为 42.2%；选择"党的宣传和其他媒体途径"的共 48 人，占比为 10.4%；选择"教师的信仰与职业素养"的共 49 人，占比为 10.7%；选择"辅导员的日常教育"的共 158 人，占比为 34.3%；选择"同学朋友的影响"的共 11 人，占比为 2.4%；选择"其他途径"的共 0 人，占比为 0。

C13. "有些学生缺乏马克思主义信仰，您认为产生的原因是什么?"选择"社会多元文化的影响"的共 167 人，占比为 36.3%；选择"人们更多地追求物质生活，相对忽视了精神家园的建设"的共 97 人，占比为 21.1%；选择"学生对马克思主义缺乏真正的了解"的共 127 人，占比为 27.6%；选择"学校的马克思主义信仰教育水平有待提升"的共 69 人，占比为 15.0%。

4. 关于马克思主义信仰教育保障状况的描述

D01. "近年来，您所在学校是否加强马克思主义在学生思想政治教育工作中的指导地位?"选择"全面加强"的共 263 人，占比为 57.2%；选择"有所加强"的共 144 人，占比为 31.3%；选择"不明显"的共 53 人，占比为 11.5%。

D02. "您所在学校有明确的大学生马克思主义信仰培育、评价和反馈等机制吗?"选择"有"的共 232 人，占比为 50.4%；选择"没有"的共 170 人，占比为 37.0%；选择"不清楚"的共 58 人，占比为 12.6%。

D03. "近年来，您所在学校是否加强辅导员队伍建设?"选择"全面加强"的共 143 人，占比为 31.1%；选择"有所加强"的共 239 人，占比为 52.0%；选择"不明显"的共 78 人，占比为 17.0%。

D04."您所在学校在招聘和考核辅导员时会重视其思想政治素质吗?"选择"会"的共 432 人，占比为 93.9%；选择"不会"的共 5 人，占比为 1.1%；选择"不清楚"的共 23 人，占比为 5.0%。

D05."您所在学校每年是否会组织辅导员到红色基地学习考察?"选择"是"的共 410 人，占比为 89.1%；选择"否"的共 50 人，占比为 10.9%。

D06."您所在学校是否根据全日制在校生总数，按照师生比不低于 1∶200 的比例设置一线专职辅导员岗位?"选择"达到比例要求"的共 279 人，占比为 60.7%；选择"尚未达到比例要求"的共 157 人，占比为 34.1%；选择"不清楚"的共 24 人，占比为 5.2%。

D07."您所在学校是否会给辅导员开展马克思主义理论或者思想政治教育方面的研修学习?"选择"经常"的共 109 人，占比为 23.7%；选择"有时"的共 233 人，占比为 50.7%；选择"偶尔"的共 118 人，占比为 25.7%；选择"不会"的共 0 人，占比为 0。

D08."您所在学校是否有把辅导员的培养纳入师资培训规划和人才培养计划?"选择"有"的共 286 人，占比为 62.2%；选择"没有"的共 53 人，占比为 11.5%；选择"不确定"的共 121 人，占比为 26.3%。

D09."您所在学校是否有把辅导员的职称评聘单列单设?"选择"有"的共 238 人，占比为 51.7%；选择"没有"的共 198 人，占比为 43.0%；选择"不清楚"的共 24 人，占比为 5.2%。

D10."您所在学校是否有把辅导员队伍作为后备干部培养和选拔的重要来源?"选择"有"的共 321 人，占比为 69.8%；选择"没有"的共 76 人，占比为 16.5%；选择"不清楚"的共 63 人，占比为 13.7%。

D11."您所在学校是否有在岗位津贴、办公条件、通信经费等方面为辅导员提供必要保障?"选择"有"的共 148 人，占比为 32.2%；选择"部分有"的共 237 人，占比为 51.5%；选择"没有"的共 30 人，占比为 6.5%；选择"不清楚"的共 45 人，占比为 9.8%。

D12."对于政治立场、政治方向、政治原则、政治道路上不能同党中央保持一致的辅导员，您所在学校是否有建立相关岗位退出机制?"选择

"有"的共 378 人，占比为 82.2%；选择"没有"的共 30 人，占比为 6.5%；选择"不清楚"的共 52 人，占比为 11.3%。

第三节 新时代大学生马克思主义信仰教育的成效与问题

第二节我们通过对大学生、高校思政课教师和辅导员的调查，得到了新时代大学生马克思主义信仰教育现状的基本描述。本节我们将从成效与问题两方面对调查结果做提炼和分析，并进一步总结相关经验和剖析问题产生的原因。

一、新时代大学生马克思主义信仰教育的开展成效与经验

(一) 新时代大学生马克思主义信仰教育的开展成效

从调查情况来看，新时代高校重视和坚持马克思主义在意识形态领域的指导地位，积极开展以马克思主义为内容的信仰教育，使马克思主义信仰在大学生群体的思想意识中占据重要地位，成为其开展学习、健康生活、规划未来的指路明灯。当前，大学生的马克思主义信仰状况呈现整体积极、主流健康的良好态势，这主要表现在三个方面。

1. **新时代大学生具备较好的马克思主义认知基础**

大学生对马克思主义的良好认知是其形成马克思主义信仰的重要前提，也是衡量马克思主义信仰教育成效的基础维度。

从调查的整体情况来看，多数学生对马克思主义基本原理、马克思主义中国化成果等方面具有正确的认知和理解，例如：有 93.1% 的学生表示非常了解或者基本了解马克思主义是由马克思和恩格斯创立并为后继者所不断发展的科学理论体系；分别有 86% 和 97.4% 的学生表示非常了解或者基本了解对立统一规律、量变质变规律；有相当一部分学生能够正确看待

认识与实践之间的辩证关系，且对剩余价值论和资本主义政治制度也具备较为清晰的认知；有98.2%的学生表示非常了解或者基本了解社会主义核心价值观的主要内容；有91.2%的学生表示非常了解或者基本了解坚持一个中国的原则是"和平统一、一国两制"的核心；学生高度认同中国共产党是以马克思主义理论为指导的政党，并且对习近平新时代中国特色社会主义思想在马克思主义中的地位有着较好认知，能够清楚了解坚持以人民为中心是习近平新时代中国特色社会主义思想的重要内容。

从调查的比较情况来看，"双一流"高校学生、普通本科院校、高职高专院校学生对马克思主义的认知水平存在较为明显的差异，"双一流"高校学生、普通本科院校学生的相关认知水平较高，而高职高专院校学生的相关认知水平相对较低，这应该是与部分高职高专院校没有开设马克思主义基本原理相关课程有关。同时，相较于非党员学生而言，学生党员对马克思主义中国化的最新成果表现得更为了解，这说明入党培训有助于显著提升学生对马克思主义的认知水平。总体而言，学生对马克思主义的基本理论知识掌握得比较好，具有牢固树立马克思主义信仰所需的认知基础。

2. 新时代大学生具备较好的马克思主义理想信念

信仰是从理想信念升华而来，理想信念是信仰形成的关键支柱。大学生是否具备马克思主义理想信念可以在相当程度上反映其马克思主义信仰状况。

从调查的整体情况来看，65.2%的学生表示非常同意或者基本同意马克思主义既是科学理论，也是一种信仰；多数学生表示思想政治理论课有利于其增强马克思主义理想信念，认可马克思主义世界观、方法论及其所揭示的资本主义经济关系，对相关内容的真理性具备较好的信任感，且向往马克思所描述的共产主义社会，相信马克思主义能够引领我们的生活越来越好，相信中国梦在党的领导和人民的共同努力下一定能够实现。

从调查的比较情况来看，学生党员更多地表示党史学习教育让其感悟到马克思主义的真理力量和实践力量，认为必须坚持马克思主义在我国意识形态领域的指导地位，相信坚持和发展习近平新时代中国特色社会主义思想就是真正坚持和发展马克思主义，愿意把马克思主义作为自己的理想信念和行动指南，且不太容易受到身边人影响而动摇理想信念，表示愿意为了共产主义的实现做一些有益的事情。总体而言，不同政治面貌、不同层次高校、不同专业的学生都表现出较好的马克思主义理想信念，但是区别在于：非党员学生、高职高专院校学生、艺体类专业学生多数倾向于对马克思主义真理性和中国共产党执政能力的信任，表现出对共产主义社会的向往；学生党员、"双一流"高校和普通本科院校学生、理工类和文史类学生则在信任基础上更多表现出在现实层面对马克思主义的理想追求，能够从意识形态安全层面思考我国坚持和发展马克思主义的重要意义，对马克思主义中国化的最新理论成果有着更为清晰的认识和较为坚定的信念。

3. 新时代大学生具备一定的马克思主义践行意识

信仰是行为的条件，行为是信仰的外在体现。作为改变世界的科学理论和崇高信仰，马克思主义具有鲜明的实践性，其只有在被实践的时候才会展现出科学而深邃的指导意义。

从调查的整体情况来看，多数大学生表现出一定的马克思主义践行意识。66.1%的学生表示会用马克思主义的立场、观点和方法分析生活中出现的一些问题；79.5%的学生表示会积极参加社会实践活动，并在活动中践行社会主义核心价值观；78.1%的学生表示会主动关注国家大事、关心社会发展；62.4%的学生表示平时会力所能及地做一些有益于他人的事情；73.5%的学生愿意为加入中国共产党而努力；58.8%的学生表示在择业时会更看重工作的社会价值，而不仅仅是薪酬待遇。

从调查的比较情况来看，学生党员、高年级学生具备更强的马克思主义践行意识。相较于非党员学生，相当一部分学生党员对马克思主义表现出更好的学习态度和习惯，表示经常会在"学习强国"上阅读文章，会阅读马克思主义经典文献和马克思主义中国化最新成果，也会参加学校举办的马克思主义理论、党史党建方面的讲座，表示乐意到红色景点去旅游。学生党员还更多表示会主动关注国家大事、关心社会发展，平时不仅会尝试运用马克思主义的立场、观点和方法分析现实问题，而且认可共产主义不是虚无缥缈的，需要每个人当下的努力奋斗，表示有时会向朋友和亲人宣传马克思主义理论，在公众场合遇到反马克思主义的言论甚至还会据理力争。相较于低年级大学生，高年级大学生则更多地表示会积极参加社会实践活动，并在活动中践行社会主义核心价值观，主张把实现个人价值和社会价值有机统一起来实现人生追求。

(二)新时代大学生马克思主义信仰教育的开展经验

新时代，我国大学生的马克思主义信仰状况呈现健康发展的新局面，这主要得益于高校马克思主义信仰教育工作形成了一些有益的经验，主要表现在三个方面。

1. 重视坚持和巩固马克思主义在高校意识形态领域的指导地位

高校是我国意识形态领域斗争的前沿阵地，一直备受党中央的高度关注与重视。习近平总书记指出："一流大学建设要坚持党的领导，坚持马克思主义指导地位"①。2015 年，中共中央办公厅、国务院办公厅印发《关于进一步加强和改进新形势下高校宣传思想工作的意见》，其强调了高校意识形态工作的重要性，要求站在全局、战略高度坚持和巩固马克思主义在高校意识形态领域的指导地位，为新时代高校加强大学生马克思主义信仰教育奠定了政策基调。按照上述意见精神，各高校坚持和完善党委领导下的校长负责制，普遍扛起政治责任和领导责任，把学习、研究和宣传马克思主义摆在高校建设事业的突出位置，用中国特色社会主义理论体系武装师生头脑，全面落实立德树人根本任务。通过问卷调查发现，各高校基本都成立了与马克思主义相关的团体和组织，且经常能够运用自身创建的媒体平台宣传马克思主义。96.3%的思政课教师认为近年来学校全面加强或者有所加强马克思主义在意识形态领域的指导地位，97.9%的思政课教师表示在日常教学活动中会把帮助学生树立马克思主义信仰明确为教学目标，88.5%的辅导员认为近年来学校全面加强或者有所加强马克思主义在学生思想政治教育工作中的指导地位，84.1%的辅导员表示在日常工作中会将帮助学生树立马克思主义信仰明确为工作目标之一。这表明，新时代高校通过不断坚持和巩固马克思主义的指导地位，牢牢把握住了意识形态工作的领导权、管理权和话语权，有力提升了大学生马克思主义信仰教育实效，促进了大学生马克思主义信仰状况的健康发展。

---

① 习近平. 坚持中国特色世界一流大学建设目标方向 为服务国家富强民族复兴人民幸福贡献力量[N]. 人民日报，2021-04-20(1).

2. 重视发展和壮大马克思主义信仰教育队伍

高校思政课教师和辅导员队伍是大学生马克思主义信仰教育的一线骨干力量，他们的数量与素质能力直接影响高校马克思主义信仰教育水平。随着我国经济社会的迅速发展以及在校大学生规模的不断扩大，高校思政课教师和辅导员队伍建设逐渐呈现发展相对滞后的现象，存在相关人员数量有待补充、素质结构有待优化等问题。为了加强相关教育队伍建设，教育部分别于 2017 年和 2020 年修订和出台了《普通高等学校辅导员队伍建设规定》《新时代高等学校思想政治理论课教师队伍建设规定》，对思政课教师和辅导员的工作职责、配备、培训和考核等做出了明确的规定，为新时代提升高校思政课教师和辅导员队伍建设水平提供了政策准绳。

近年来，各高校按照教育部相关规定积极配备队伍人员、优化队伍结构、提升队伍素质。问卷调查显示，近年来高校马克思主义信仰教育队伍得到较快发展，这主要表现在三个方面：一是高校重视发展壮大思政课教师和辅导员群体。多数思政课教师表示近年来学校正严格按照师生比不低于 1∶350 的比例核定专职思政课教师岗位，多数辅导员表示近年来学校积极按照师生比不低于 1∶200 的比例设置一线专职辅导员岗位，且在招聘和考核时会重视其思想政治素质。二是高校思政课教师和辅导员群体的学历层次较高。在受访对象中，高校思政课教师的最高学历以硕士研究生和博士研究生为主，其中硕士研究生学历教师占比为 69.1%，博士研究生学历教师占比为 23.7%，仅有 7.2% 的教师为本科学历。高校辅导员的最高学历则以硕士研究生为主，在受访对象中有 86.5% 的辅导员为硕士研究生学历。三是多数高校思政课教师和辅导员群体具备较好的职业素养。多数思政课教师表示喜欢讲授思想政治理论课，认同思政课教师是一份使命光荣的育人职业，且认为周围其他思政课教师具有坚定的马克思主义信仰。多数辅导员则表示会经常关注和阅读马克思主义方面的最新理论成果，会有意识地将马克思主义世界观、方法论运用于日常工作中，认为马克思主义理论素养有利于其提高工作开展水平。这说明无论是从数量还是从素质而言，高校思政课教师和辅导员队伍建设都受到了前所未有的重视，这是新时代有力提升大学生马克思主义信仰教育实效的宝贵经验。

3. 不断提升马克思主义信仰教育保障水平

近年来，高校不仅重视发展和壮大马克思主义信仰教育队伍，而且积极提升马克思主义信仰教育保障水平。这种保障是全方位的，既包括教育硬件设施上的保障，也包括人员待遇提升与职业成长、机制建设等方面的保障。调查显示，有相当一部分思政课教师表示近年来学校设立了思政课教师岗位津贴，加强配备了开展教学科研所需的办公空间、硬件设备和图书资料，使他们能够明显或者比较明显感受到思政课教师地位在学校教师群体中的提升。学校也为思政课教师提供了较好的上课时段，51.2%的思政课教师表示上课时间只是偶尔安排在晚上，36.0%的思政课教师表示上课时间不会安排在晚上。另外，多数辅导员则表示能够感受到其所在学校全面加强或者有所加强辅导员队伍建设，学校也时常为他们提供马克思主义理论或者思想政治教育方面的研修学习机会，为其在岗位津贴、办公条件、通信经费等方面提供必要保障，并把辅导员的培养纳入师资培训规划和人才培养计划，同时将其作为后备干部培养和选拔的重要来源。同时，对于政治立场、政治方向、政治原则、政治道路上不能同党中央保持一致的思政课教师和辅导员，学校建立了相关岗位退出机制，有效保障了马克思主义信仰教育队伍的纯洁性。

二、新时代大学生马克思主义信仰教育存在的问题及原因

(一) 新时代大学生马克思主义信仰教育存在的问题分析

新时代大学生马克思主义信仰教育取得了较好成效，积累了一些有益的经验，但也存在一些问题需要加以关注，这主要表现在三个方面。

1. 理论与问题阐释不足致使信仰认知不完备

虽然新时代大学生具备较好的马克思主义信仰认知基础，但是相关认知水平仍有待提升和完备。调查显示，有18.5%的学生表示不确定马克思主义既是科学理论，也是一种信仰。这些学生普遍认同马克思主义是科学理论，但不确定马克思主义是否可以构成一种信仰，不清楚马克思主义信仰产生的理论逻辑和现实逻辑。也有学生对马克思主义基本原理在社会生

活中的具体运用不太了解，例如，有 16.1% 的学生表示不确定"为了学游泳，就得下水"蕴含了马克思主义实践论，有 1.6% 的学生表示对其非常不了解。还有学生对马克思主义中国化的最新成果缺乏及时的学习和理解，例如，36.9% 的学生表示不确定、基本不了解或者非常不了解党的二十大报告中所明确的中心任务。这些都在一定程度上反映了学生对马克思主义存在认识不全、不清、不明等问题，说明施教者对相关理论和问题阐释、解惑能力不足。一方面，对马克思主义经典理论和最新成果阐释不足致使学生的相关认知不够深刻。阐释理论不是就理论说理论，应该从历史、时势、比较、批判等视野阐释，目前相关建设性阐释是主流，而其他阐释方式相对较少，这在一定程度上使得学生较少从多视角认识马克思主义理论，也较难从最高的价值观层面把握马克思主义信仰。另一方面，对马克思主义在社会生活中的运用问题解惑能力不足致使学生的相关理解有待加强。马克思主义理论不仅致力于解释问题，还致力于改造世界，这是马克思主义实践性的精髓。在多元化思潮下，大学生在思想成长过程中会遇到不同的矛盾和困惑，这要求施教者始终从关心学生困惑、回应学生问题的角度出发谈马克思主义信仰，在解疑释惑中彰显马克思主义理论对现实的强大解释力和改造力，提高学生对马克思主义的认知水平，强化其在社会生活中自觉、主动运用马克思主义立场、观点和方法解决问题的意识。

2. 精神与历史指引不足致使信仰情感不充沛

信仰情感既是从信仰认知升华到信仰践行的中间环节，也是信仰由外向内、直抵人心的过程，具有承上启下、内外相接的重要地位和功能。在马克思主义信仰教育过程中，理论阐释和问题释疑能够较好提高大学生的马克思主义信仰认知水平，但是在充分调动大学生马克思主义信仰情感方面存在一定的不足，因为信仰情感的充分调动往往需要将受教者代入一定的情境中，以激荡人心的时代场景激发受教者内心深处的情感共鸣，且相关情境内容越真实就越能调动和充沛受教者的信仰情感。1848 年，《共产党宣言》的发表标志着马克思主义诞生，一百多年来，马克思主义与工人运动相结合不仅掀起了波澜壮阔的国际共产主义运动，而且在东方大国展现出其勃勃生机和旺盛活力，演绎出一幅幅激动人心的历史图景，书写了一部部感天动地的精神史诗，这些都是再真实不过的历史情境，也是可供马克思主义信仰教育利用的宝贵资源。调查显示，有 62.8% 的学生表示党史学习教育让其感受到马克思主义的真理力量和实践力量。但是，部分施教者未能充分将珍贵的历史情境代入马克思主义理论阐释过程中，致使受教者的马克思主义信仰情感不够充沛。调查显示，虽然多数思政课教师表示经常引导学生从伟大建党精神中感悟马克思主义的真理伟力，但是仍有 40.8% 的思政课教师表示只是偶尔引导，还有 1.6% 的思政课教师缺乏这方面意识。马克思主义理论博大精深，既深刻改变了人类历史发展进程，也改变了近代中国的命运，形成了枝繁叶茂的中国共产党人精神谱系。施教者只有强化精神与历史相结合的指引，才能对大学生深刻阐明马克思主义信仰的现实与未来意义，为调动他们的信仰情感提供鲜活内容。

3. 理论指导实践不足致使信仰践行不到位

习近平总书记指出："所有知识要转化为能力，都必须躬身实践。要坚持知行合一，注重在实践中学真知、悟真谛，加强磨炼、增长本领。"[①] 自觉遵循信仰准则、践行信仰内容既是个人信仰成长的必要载体，也是个人信仰形成的显著标志。马克思主义本身不是书斋中的学问，而是实践的理论，其哲学原理、政治经济学和科学社会主义等内容对改造现实生活、推进社会发展极具启发意义和指导意义。因此，马克思主义信仰必须建立在实践的基础上，其教育也需要充分重视对实践载体的运用。但是，从调查情况来看，新时代大学生在生活实际中还不能很好地践行马克思主义信仰，相关意识和能力有待提升。例如，有 22.0% 的学生表示不确定能够运用马克思主义立场、观点和方法分析现实生活中遇到的问题，还有 11.8% 的学生不认为自己能够这样做。仅有 31.1% 的学生表示"在公众场合听到一些反马克思主义的言论，我会据理力争，捍卫马克思主义"，其他学生则表示不确定自己会据理力争或者表示不会。有 26.3% 的学生表示会向朋友、亲人宣传马克思主义理论，其他学生则相对缺乏这方面的宣传意识。尽管有 60.4% 的学生表示"我的人生追求是把实现个人价值和社会价值有机统一起来"，但是还有 39.6% 的学生表示不确定或者不会。这说明部分

---

① 习近平. 在知识分子、劳动模范、青年代表座谈会上的讲话[N]. 人民日报, 2016-04-30(2).

大学生虽然具有较好的马克思主义信仰认知和一定程度的信仰情感，但是在日常生活、人生追求等方面较为缺乏马克思主义信仰践行能力，存在信仰践行不到位的问题。究其原因，这与马克思主义教育实施过程中没有重视发挥马克思主义的实践品格有关，致使大学生对马克思主义信仰的实践感知和生活体验不足，缺乏将理论运用于实践生活的能力和水平。

(二) 新时代大学生马克思主义信仰教育存在问题的原因分析

1. 信仰教育内容的历史纵深感不足

随着现代信息传播技术的迅速发展，近年来大学生马克思主义信仰教育的方式方法获得了较大的创新与完善，但是教育者相对忽略了对信仰教育内容的研究、挖掘与丰富，在一定程度上存在内容停滞、空洞说教等现实问题。教育创新不仅是教育形式和载体的创新，更重要的是教育内容的发展和创新。信仰教育应当坚持内容为王，切实让教育内容丰富起来、厚实起来，用鲜活生动的内容打动人、鼓舞人、塑造人。调查显示，有40.8%的思政课教师表示在施教过程中只是偶尔引导学生从伟大建党精神中感悟马克思主义的真理伟力，有34.3%的辅导员也表示偶尔运用中国共产党的奋斗史来激励学生做好新时代的接班人。这说明部分施教者没能很好地从丰富的党史细节中研究和挖掘有价值的教育资源，不仅使信仰教育内容缺乏一定的历史纵深，而且相对忽视了马克思主义信仰对中华民族伟大复兴所具有的历史意义，造成新时代大学生难以从中国共产党人长期奋斗的精神根基中充分理解和构建马克思主义信仰。中国共产党人在长期奋斗过程中铸就了庞大而系统的精神谱系，彰显了中国共产党人对马克思主义矢志不渝的信仰追寻，可以为大学生树立马克思主义信仰提供不竭的精神支持。因此，新时代大学生马克思主义信仰教育不能脱离中国共产党人长期奋斗的历史情境而开展，各大高校有必要将丰富的党史素材充分引入信仰教育内容中，将抽象的信仰和厚重的历史紧密联系起来，从中汲取中国共产党人强大的精神力量，帮助大学生树立、滋养和坚定马克思主义信仰，以更深刻地触动学生思想、情感和行为。

2. 亟待加强信仰教育过程的实践环节

马克思在《关于费尔巴哈的提纲》中强调："全部社会生活在本质上

是实践的。"①同样，马克思主义信仰对世俗的超越性是建立在社会生活基础之上的，需要在人类的实践活动中加以成就。因此，注重把握和强化信仰教育的实践性合乎马克思主义信仰的本质特征和形成规律。但是在当前大学生马克思主义信仰教育过程中，一定程度上存在实践性不足的问题，主要表现在两方面：一是将信仰教育等同于知识教育。信仰是知、情、意、行的高度集合体，意味着知识教育是信仰教育的基础环节和必要准备，信仰教育则是对知识教育的边界延伸与内核升华。马克思主义是一门学问，其涵盖的知识领域较为广泛而深刻，学校在信仰教育过程中对学生进行知识输入和阐释是必要的，但是最终要把教育目标落脚在价值引导、情感认同上，不能仅停留于知识教育层面或者干脆将知识教育等同于信仰教育，否则只能让学生停留于对马克思主义的认知状态，难以取得调动情感、坚定信念、指导行为的教育效果，忽视了马克思主义信仰的形成规律和所需环节。二是在实践环节存在一定的形式主义。部分施教者虽然认识到实践环节的必要性并将其纳入教育方案，但是在实施过程中仍然存在一定的重政治灌输而轻实践体验的倾向，使得实践活动流于形式、脱离生活，忽视了实践内容、资源的挖掘与丰富。同时，部分实践活动没能很好地紧扣马克思主义信仰主题，存在一定的主题偏离或者发散现象，把相关实践活动简单地做成了德育之类的活动，没有将实践活动的育人目标最终落脚到培育马克思主义信仰上来，使得实际教育效果打了折扣。

3. 亟待加强信仰教育机制的健全与优化

信仰教育机制是信仰教育过程中各构成要素按照一定的组合方式、关系机理而形成的系统运行方式。它承担着保障信仰教育有序开展、规范运转、稳步推进的功能。对于以马克思主义为指导思想、坚持社会主义办学方向的高校而言，建立和优化大学生马克思主义信仰教育机制是一项必要的工作，其直接影响信仰教育的组织效率和实际效果。就当前而言，我国各高校都建立了较为健全的思想政治教育工作机制，这为信仰教育提供了良好的运行保障，但也在一定程度上忽视了信仰教育的特殊性和重要性。信仰教育是思想政治教育工作的组成部分，也是高校思想政治教育的关键

---

① 马克思，恩格斯. 马克思恩格斯选集(第 1 卷)[M]. 北京：人民出版社，2012：135.

内容，其教育目标指向更为聚焦和明确，对教育内容、方法的专业性要求更高，需要给予相应的重视。各高校有必要在当前思想政治教育工作框架机制中嵌入信仰教育工作微机制，这既有利于提升思想政治教育效果，也有利于针对性推进信仰教育工作高效开展。调查显示，有相当一部分教师和辅导员表示所在学校缺乏较为明确的大学生马克思主义信仰培育、评价和反馈等机制。这说明，作为目前思想政治教育工作机制的核心组件，大学生马克思主义信仰教育培育机制还有待进一步健全与优化，尤其是与高校层次和特点相适宜的高效化、常态化工作机制需要进一步研究探索。同时，随着新时代的发展进步以及国内外社会环境的日趋错综复杂，大学生马克思主义信仰培育机制的运行条件、方式等都发生了重大变化，传统的信仰培育机制运行方式难以适应新的环境和新的形势，需要及时进行一定的改进和变革。

第四章

伟大建党精神融入大学生马克思主义信仰教育的时代价值

伟大建党精神是中国近代先进分子高举马克思主义旗帜、勇于践行马克思主义信仰的精神，为中国共产党百年来始终保持先进性和团结统一提供了不竭动力，也是我国高校开展大学生马克思主义信仰教育的宝贵精神资源。伟大的时代需要伟大的精神，高尚的教育亦需要伟大的精神，将伟大建党精神融入新时代大学生马克思主义信仰教育具有深刻而重要的时代价值。

第一节　伟大建党精神融入大学生马克思主义信仰教育的时代背景

一、世界正处于大发展大变革大调整时期

习近平总书记指出："当今世界正处于大发展大变革大调整时期。"[①]国际形势深刻变革、大国关系深入调整，促使各类社会思潮激荡交锋、高校意识形态领域风险加剧，给高校马克思主义信仰教育工作带来较大挑战和压力，主要表现在以下两个方面。

一方面，在新世界格局中，东西方社会思潮的较量呈现常态化态势。当今世界的不确定性、不稳定性因素明显增加，马克思、恩格斯关于"两个必然"和"两个决不会"的理论在现实世界中生动演绎。中国特色社会主义为世界社会主义开创了新局面，展示了社会主义制度的强大生命力和光明前景，而以美国为首的发达资本主义国家频现治理危局，逐渐呈现衰落迹象。为了遏制世界社会主义运动的重新兴起，资本主义国家企图如法炮制20世纪90年代对苏联的"不战而胜"，想方设法运用其依然尚存的国际舆论优势推动历史虚无主义、新自由主义等不良思潮渗透社会主义国家，不断对青年学生进行思想文化侵蚀，妄想通过制造颜色革命等方式实现其"和平演变"的战略阴谋，竭尽全力推迟自身退出历史舞台的时间表。同时，随着经济全球化以及中国对外开放程度不断加深，国内国际各种思想文化汇聚交融、相互碰撞，社会思潮呈现多样化、现实化、斗争化等新特点，不断影响着有不同诉求、想法和感情倾向的人们，尤其会对思维活跃、情感丰富、价值观可塑性强的大学生产生较为深远的影响。在日益多元化的中国社会环境下，不同内容不同形式的社会思潮满足了青年学生多

---

① 习近平. 习近平谈治国理政(第三卷)[M]. 北京：外文出版社，2020：479.

元的价值取向，但也有不良社会思潮掺杂其中、乘机涌入，其试图利用极大的虚伪性、迷惑性和蒙蔽性消解我国社会主流意识形态，通过编造谎言、恶意炒作、混淆视听等方式歪曲马克思主义、动摇大学生马克思主义信仰，使我国高校意识形态领域的正负较量呈现尖锐和胶着的态势。

另一方面，随着数字传媒技术的飞速发展，网络虚拟空间乱象加剧信仰弱化的风险。在信息高速发展的时代，信息生产和传播呈现源头草根化、内容海量化、路径复杂化、效率高速化等特征。传统官方媒体不再是意识形态话语的唯一输出者，个体或者机构凭借一部手机就可以轻松生产和传播各式各样的信息内容，这些海量信息以文字、图像、音频、视频等形式极大满足了人们广泛、多样的信息需求。但这些自媒体的兴起发展也带来信息专业性不足、可信度降低、造谣成本降低等问题，也不乏一些自媒体为了追求眼前经济利益，不惜迎合一部分人的低级趣味，沦为了虚假信息、垃圾信息的收容站。尽管我国对此出台了法律法规加强监管，但是由于自媒体传播的低门槛、隐匿性与逐利性，一些信息传播乱象难以完全杜绝，也为不良社会思潮的传播提供了可乘之机。不良社会思潮主要以西方的价值标准评判中国特色社会主义制度和道路，在网络空间里不仅通过各种形式肆意宣扬"有钱人便是成功人士""富裕之邦便是真理之源"等拜金主义和功利主义，而且力图歪曲中华人民共和国和中国共产党的历史，否认马克思主义指导中国革命、建设和改革的历史必然性，不断淡化、排斥社会主义意识形态。对于刚刚成年、尚未步入社会的大学生而言，他们政治性敏锐不足、理论知识有限，穿梭在鱼龙混杂的网络海量信息中容易迷失自我，尤其是对经过精心伪装、以假乱真的信息缺乏一定的免疫能力，难以清醒识别不良社会思潮的虚伪本质和在意识形态上的险恶用心，容易在思想上对马克思主义产生疏离和排斥，向往资本主义制度和社会生活，使我国社会主流意识形态存在弱化风险，进而滋生大学生的马克思主义信仰危机。

二、向第二个百年奋斗目标再出发

为推进实现中华民族伟大复兴，党中央提出了"两个一百年"奋斗目标。第一个百年奋斗目标是到中国共产党成立一百年时，全面建成小康社会。第二个百年奋斗目标是到中华人民共和国成立一百年时，将中国建成富强、民主、文明、和谐、美丽的社会主义现代化强国。经过持续奋斗，中国共产党带领全国各族人民历史性地解决了绝对贫困问题，在中华大地上全面建成了小康社会，如期实现了第一个百年奋斗目标。新时代大学生生逢其时，处于中华民族最好的发展时期，有幸成为伟大成就的历史见证人，既见证了"上下同心、尽锐出战"的脱贫攻坚场景，也见证了一条行之有效的中国特色减贫道路。

一方面，向第二个百年奋斗目标再出发为新时代大学生马克思主义信仰教育锚定了新坐标。一切伟大成就都是接续奋斗的结果，一切伟大事业都需要在继往开来中推进。虽然当前我国社会主义建设站在了一个更好更高的起点上，既迎来了从站起来、富起来到强起来的伟大飞跃，也是日益走向世界舞台中心、为人类解决问题贡献中国智慧和中国方案的时代，比以往任何时期都更有能力和信心实现中华民族伟大复兴，但是我国处于社会主义发展阶段的基本国情没有变，人民日益增长的美好生活需要和不平衡不充分发展之间的矛盾仍然较为突出，面临的国内外风险挑战也依然复杂多样，这些都促使着我们必须乘势而上把握新的历史机遇。中国共产党向世界宣告胜利实现第一个百年奋斗目标后，日夜兼程向第二个百年奋斗目标再出发。党的二十大报告明确指出："从现在起，中国共产党的中心任务就是团结带领全国各族人民全面建成社会主义现代化强国、实现第二个百年奋斗目标，以中国式现代化全面推进中华民族伟大复兴。"[1]向第二个百年奋斗目标再出发是当前中国共产党和中国人民的共同愿景，既是对过去成功经验的继承和发扬，也是对未来发展挑战的积极应对。它意味着中国特色社会主义现代化建设进入新的历史阶段，而且形成了中华民族伟大复兴不可逆转的历史进程，是当前大学生成长发展过程中最鲜亮的时代底色。站在新的历史坐标，新时代大学生将不仅是见证者，还会是全程建设者、参与者，是国家建设与民族复兴的中坚力量，被赋予了重要的历史使命和责任。新的历史坐标用实际行动证明了社会主义制度的优越性，为高校开展大学生马克思主义信仰教育提供了诸多有利条件，施教者能够更

---

① 习近平. 高举中国特色社会主义伟大旗帜 为全面建设社会主义现代化国家而团结奋斗[N].人民日报，2022-10-26(1).

加自信、更加有底气地向大学生宣传社会主义制度和马克思主义信仰，有利于遏制西方不良思潮给大学生世界观和价值观带来的负面影响。

另一方面，向第二个百年奋斗目标再出发对新时代大学生马克思主义信仰教育提出了新要求和新期待。习近平总书记对新时代年轻人寄予重望："青年一代有理想、有本领、有担当，国家就有前途，民族就有希望。"①只有当第二个百年奋斗目标成为新时代大学生人生追求的重要组成部分时，中华民族伟大复兴才会拥有不竭的强大力量。建党以来，中国共产党的所有阶段性奋斗目标都是在马克思主义指导下树立的，也最终要在马克思主义指导下实现。第二个百年奋斗目标亦是如此，需要具有坚定马克思主义信仰的接班人推进和实现，对新时代高校马克思主义信仰教育工作提出了新的要求和期待。在中华民族伟大复兴的关键阶段推进实现第二个百年奋斗目标，既需要顺应时代潮流发展、专业知识能力强的青年人才，也需要胸怀天下、立志报国的拳拳赤子。向第二个百年奋斗目标再出发，新时代高校应特别重视培育大学生马克思主义信仰，要坚持用马克思主义信仰占领高校意识形态阵地，用马克思主义武装青年大学生，推动当代中国马克思主义进入大学生头脑，努力在年青一代中凝聚起更加广泛、更有力量的共识，这是引导新时代大学生将第二个百年奋斗目标融入人生追求的必要前提，也是激励新时代大学生为第二个百年奋斗目标而努力的思想准备。向第二个百年奋斗目标再出发，还要求大学生马克思主义信仰教育既要从精神传承中汲取砥砺奋进的力量，也要与时俱进、积极创新，以助力新时代大学生在新的历史进程中完成更加艰巨的历史使命，履行更为重要的历史责任。

三、立德树人是高校的根本任务

国无德不兴，人无德不立。进入新时代，以习近平同志为核心的党中央站在党和国家事业发展全局的战略高度，高度重视培养社会主义建设者和接班人，将立德树人放在了更加突出和重要的位置，指出"高校立身之本

---

① 习近平.习近平谈治国理政(第三卷)[M].北京：外文出版社，2020：54.

在于立德树人"①，明确将立德树人作为我国各高校的根本任务和中心环节，强调"把立德树人的成效作为检验学校一切工作的根本标准"②。立德与树人是有机统一的整体，两者互为前提、互为因果。德是人之魂，立德方能树人，否则人无从立身；人是德之主，树人利于立德，否则德无生长之地。立德树人既是新时代高等教育的根本任务，也彰显了新时代高等教育的鲜明特征，其教育活动以立德为根本、以树人为核心，不仅要帮助学生立人性之德，还要立时代之德，不仅要树有用之人，还要树时代之人，这些深刻体现了新时代高校的特殊使命和神圣责任。

新时代大学生马克思主义信仰教育处于高校积极落实立德树人根本任务的时代背景中，迎来了前所未有的有利契机。立德树人是一项系统工程，也是运用系统观念推动育人工作的具体体现，其主张高校通过构建立德树人体系来打造人才培养的组合拳。从教育内容与目标来看，立德树人与马克思主义信仰教育之间不是割裂的两种教育活动，而是具有包含与被包含、相辅相成的辩证关系。开展大学生马克思主义信仰教育是高校立德树人根本任务的重要组成内容，也是高校落实立德树人这一根本任务的必要环节和重要途径。在这项系统工程中，大学生马克思主义信仰教育不是一项孤立的教育活动，它不仅能够按照自身功能和规律服务于立德树人，而且能够在立德树人这一系统工程中获得更为广泛的协同支持和共享资源，有利于让伟大建党精神更好地融入其中，以此取得更为积极的教育效果。对于坚持社会主义办学方向的我国高校而言，落实立德树人这一根本任务就是把为党育人、为国育才作为高等教育活动的出发点，回答和解决好培养什么人、怎样培养人、为谁培养人的问题，从而抓好中国特色社会主义建设事业后继有人这个根本大计。这与马克思主义信仰教育目标指向相一致，它们都致力于通过中国特色社会主义教育改变人和塑造人，致力于培育具有马克思主义信仰、坚持社会主义核心价值观、堪当中华民族复兴大任的时代新人，两者能够在相互耦合、相互促进中形成同频共振与强

① 习近平. 把思想政治工作贯穿教育教学全过程 开创我国高等教育事业发展新局面[EB/OL].（2020－08－13）[2024－01－16]. http://www.moe.gov.cn/jyb_ xwfb/gzdt_ gzdt/201612/t20161208_ 291306.html.

② 习近平. 在北京大学师生座谈会上的讲话[N]. 人民日报，2018-05-03(2).

大合力。

高校积极落实立德树人根本任务不仅为大学生马克思主义信仰教育提供了有利契机，而且为其赋予了新内涵、新内容。在我们党的不同历史时期，我国大学生马克思主义信仰教育一以贯之，从来不是就信仰而谈信仰，而是坚持从实践中来，到实践中去，其教育内容、要素、目标乃至方法会根据不同阶段的新思想、新任务、新需要而各有侧重。新时代高校的立德树人根本任务是培育满足新时代中国社会发展需要的社会主义接班人，他们不仅要有中华传统美德，还要有社会主义道德；不仅要有较为丰富的知识积累，还要有守正创新的思维；不仅要有参与推动中国式现代化的国情视野，还要有参与推动构建人类命运共同体的全球视野；不仅要德智体美劳全面发展，还要怀揣中华民族伟大复兴的中国梦。这意味着，新时代高校的立德树人根本任务在内化到高校教育活动各领域、各环节的同时，也从顶层设计入手对大学生信仰教育提出了贴近和顺应时代发展的新要求，不仅要求施教者帮助大学生树立和坚定马克思主义信仰，而且鼓励大学生将个人价值追求与新时代中国的具体实际、政策方针和发展目标等结合起来，将马克思主义的信仰力量注入新时代伟大实践活动中。

第二节　伟大建党精神融入大学生马克思主义信仰教育的价值逻辑

伟大建党精神是新时代党中央对中国共产党先驱心路历程的高度概括，是中国共产党百年奋斗主题的深刻总结，也是中国共产党不断取得胜利的精神之源。之所以要将它融入新时代大学生马克思主义信仰教育，是因为其源头特质、历史资源和丰富内涵能在大学生马克思主义信仰教育中发挥引领、感召和指导等重要作用，有利于从教育内容、载体和效果上提升马克思主义信仰教育水平，从而实现破解大学生信仰困惑、化解大学生信仰危机、增强大学生信仰定力的教育旨归。因此，将伟大建党精神融入大学生马克思主义信仰教育符合高等教育活动规律和青年信仰形成规律，是新时代坚定和筑牢大学生信仰之基、助力高校落实立德树人根本任务的必然选择。

一、伟大建党精神的源头特质有利于完善大学生马克思主义信仰教育内容

伟大建党精神是中国共产党人开天辟地的精神，是中国共产党人精神谱系的源头活水，凝聚着中国共产党人的初心和使命，具有鲜明的源头特质。伟大建党精神的源头特质不仅为找不到正确出路的近代中国带来了信仰之光，而且以其强大的历史穿透力、精神感召力、理论引领力和实践指导力为立党立国、兴党强国提供了精神原动力，并通过中国共产党百年奋斗历程一次又一次成功地验证了马克思主义信仰的正确性、先进性和强大性。将伟大建党精神融入新时代大学生马克思主义信仰教育，有利于从不同方面丰富和完善马克思主义信仰教育内容，增强教育内容的理论说服力、时代引领力和现实解释力。

(一)伟大建党精神深刻体现了马克思主义信仰的正确性，有利于增强教育内容的理论说服力

中国共产党先驱对马克思主义信仰的忠诚信奉和坚定实践铸就了伟大建党精神。伟大建党精神的形成和发扬光大得益于正确的马克思主义信仰，同时其精神光辉也成功验证了马克思主义信仰的正确性。近代中国是一段个体痛苦和国家危难相互交织的历史时期，各界仁人志士引入过各种"主义"、成立过多种政党、尝试过许多办法试图拯救民族危亡，其间也形成了众多可歌可泣的宝贵精神，但是最终没能从根本上解决中国问题，究其原因是没有科学的思想理论指导，缺乏正确的信仰引领。而中国共产党之所以能够后来者居上，是因为其深切体会到马克思主义真理的科学性，并毅然选择和接受了正确的信仰，用正确的信仰指导伟大的行动。

伟大建党精神之所以伟大，是因为其通过凝聚中国人民最广泛的共识开创了伟大事业，给黑暗无际的近代中国带来了一道曙光，为解决近代中国的出路问题提供了精神动力。在百年奋斗历程中，中国共产党人通过赓

续和发扬伟大建党精神，在不同历史阶段带领全国人民创造了伟大奇迹，不仅有效验证了中国共产党先驱选择马克思主义信仰的正确性，而且在千锤百炼的历史实践中充分验证了马克思主义信仰穿越时空的真理光芒。面对当前一些敌对势力通过各种渠道对马克思主义的恶意抨击和刻意抹黑，一些大学生对马克思主义的认识产生了较为严重的偏差甚至怀疑，进而动摇了自身对马克思主义信仰的正确认知和理解，容易陷入敌对势力精心设置的信仰陷阱。伟大建党精神既是精神凝结，也是历史见证。将伟大建党精神融入高校马克思主义信仰教育，可以用伟大建党精神所承载的真实历史信息有力反驳马克思主义"错误论"，可以用伟大建党精神推动实现的伟大成就有力诠释马克思主义的科学性与正确性，可以用伟大建党精神所蕴含的浩然正气有力强化学生对马克思主义的正义认同，从而增强马克思主义信仰教育内容的现实说服力与战斗力，帮助新时代大学生用清醒的头脑看清、识破那些故意污蔑、诋毁马克思主义的丑恶用心，进而推动他们跳出认识误区、拨开信仰迷雾以及树立正确的信仰认知。

(二) 伟大建党精神深刻体现了马克思主义信仰的先进性，有利于增强教育内容的时代引领力

伟大建党精神蕴含中国共产党先驱勇立时代潮头、引领时代发展的精神密码，是在坚定的马克思主义信仰基础上练就的，是中国共产党从立党立国到兴党强国的精神之源。伟大建党精神不仅通过引领实践验证了马克思主义信仰的正确性，而且深刻体现了马克思主义信仰的先进性。首先，伟大建党精神在引领立党立国实践中深刻体现了马克思主义信仰的先进性。1919 年五四运动前后，各种社会思潮在中国政治舞台上如雨后春笋般出现，其中有马克思主义、近代中国三民主义、近代中国自由主义、近代中国无政府主义、近代中国民族主义、近代中国科学主义、近代中国实用主义、近代中国改良主义等。为了深刻改写近代中国命运，众多社会思潮之间相互激荡、相互竞争，相互影响。[①] 经过深入思考、比较和实践，中国先进分子最终选择了马克思主义，把马克思主义作为中国革命的指导思

---

① 陈金龙. 近代中国社会思潮与马克思主义中国化[M]. 北京：人民出版社，2013：2.

想，从此马克思主义在全国逐渐生根开花，给苦难的近代中国带来了前所未有的曙光，这深刻体现了马克思主义信仰的时代先进性。其次，伟大建党精神在贯穿兴党强国实践中深刻体现了马克思主义信仰的先进性。伟大建党精神不仅形成于中国共产党的创建过程中，而且成长和贯穿于中国共产党兴党强国的实践全过程，是一代又一代中国共产党人将马克思主义基本原理同中国具体实际相结合、同中华优秀传统文化相结合的宝贵精神财富。它在长期发展中构建起中国共产党人的精神谱系，鼓舞着中国共产党人不断推动马克思主义中国化、时代化发展，使马克思主义信仰在历史时空中始终保持着先进性。最后，伟大建党精神将在中国实现第二个百年奋斗目标的新征程上深刻体现马克思主义信仰的先进性。历史不断向前发展，而精神可以代代相传。在实现第二个百年奋斗目标新的赶考路上，习近平总书记号召全党"永远把伟大建党精神继承下去、发扬光大！"[①]这意味着伟大建党精神不仅属于历史，还属于现在和未来，它将继续融入中国共产党人的灵魂深处，为新时代、新征程注入精神力量。中国共产党之所以极其珍惜这笔丰富而宝贵的精神财富，是因为其将马克思主义真理作为理论源泉和思想基础，深刻蕴含着中国共产党人崇高而坚定的马克思主义信仰。在新征程上，我们将伟大建党精神融入大学生马克思主义信仰教育，就是赓续传承红色基因，就是将伟大建党精神继承下去、发扬光大，其价值旨归就是帮助大学生用马克思主义的先进性观察时代、把握时代，这有利于增强大学生马克思主义信仰教育内容的时代引领力。

（三）伟大建党精神深刻体现了马克思主义信仰的强大性，有利于增强教育内容的现实解释力

伟大建党精神既是中国共产党先驱开创伟大事业的精神根基，也是中国共产党人成就新时代伟业的源头活水，之所以伟大至今、永不褪色，是因为其蕴含着强大的马克思主义信仰力量。信仰是精神世界中神奇而强大的力量，可以赋予人们克服困难和战胜艰难险阻的坚强意志。信仰越是清晰、正确和先进，实现的可能性就越大，克服困难的能力也就越强。面对

---

① 习近平. 习近平谈治国理政（第四卷）[M]. 北京：外文出版社，2022：7.

新民主主义革命时期压迫中国人民的帝国主义、封建主义和官僚资本主义"三座大山",中国共产党先驱高擎马克思主义真理火炬,在历史长夜的地平线上升起了一簇启明之光,鼓舞和带领着中国人民完成近代以来各种政治力量都没有完成的艰巨任务。在这个过程中,马克思主义信仰成为每位中国共产党人的政治灵魂和精神圭臬,铸就了中国共产党人的革命意志,催生了开天辟地的伟大建党精神,指引中国共产党人在推进社会革命、引领事业发展的道路上攻坚克难和砥砺前行。

伟大建党精神是揭示中国共产党过去为什么能够成功、未来怎样才能继续成功的精神密码,深刻体现了马克思主义具有强大的信仰力量,有利于增强马克思主义信仰教育内容的现实解释力,主要体现在以下方面:一是"坚持真理、坚守理想"充分体现了中国共产党坚持运用马克思主义的真理力量。在百年奋斗历程中,中国共产党把马克思主义作为党和国家的根本指导思想,并将其同中国具体实际、同中华优秀传统文化相结合,深刻改变了近代中国愚昧落后的思想文化状态。二是"践行初心、担当使命"充分体现了中国共产党坚持运用马克思主义"为人类求解放"的初心力量。在百年奋斗历程中,中国共产党将改变中国人民的前途命运视为己任,着力从根本上、长远上为中国人民谋幸福,致力于改变中国人民和中华民族的前途命运。三是"不怕牺牲、英勇斗争"充分体现了中国共产党坚持运用马克思主义致力于"改变世界"的实践力量。在百年奋斗历程中,中国共产党以大无畏的精神气概和敢于斗争的实际行动不断解决着中国社会在不同历史时期面临的主要矛盾,推动着中国社会向前发展。四是"忠诚于党、不负人民"充分体现了中国共产党坚持运用马克思主义的"历史合力"。在百年奋斗历程中,中国共产党尊重人民的历史主体地位、勇于开展自我革命,始终将自身用力方向与人民群众的合力方向保持一致,实现了中国共产党利益和最广大人民群众根本利益的有机统一。

二、伟大建党精神的红色文化有利于丰富大学生马克思主义信仰教育载体

基于新的革命理论、革命道路和革命目标,伟大建党精神在引领伟大

事业的同时，也孕育了中国共产党的百年红色文化，是我国红色文化之源。它赋予了中华文化新的基因，代表着当代中国先进文化的前进方向。将伟大建党精神融入大学生马克思主义信仰教育，有利于以其积淀的厚重红色文化丰富信仰教育载体、夯实大学生信仰之基。

（一）伟大建党精神的红色文化有利于为大学生马克思主义信仰教育提供历史载体

中国共产党的 8 个早期组织于 1920~1921 年先后成立，分别分布于上海、北京、武汉、长沙、广州、济南等城市，集中了一批当时来自全国各地且具有共产主义思想的先进分子。各地共产党早期组织在成立之后，积极组织全国各地进步青年学习和宣传马克思主义、研究中国的实际问题，并通过创办工人夜校等形式开展马克思主义宣传活动、提高工人阶级觉悟、组织开展工人运动，有力促进了马克思列宁主义在中国的广泛传播及其同中国工人运动的结合，为中国共产党的正式成立创造了组织条件、政治保障和群众基础。这段奋斗历程不仅形成了伟大建党精神，而且书写了一段中国共产党的早期红色历史，在全国各地留下了较为珍贵的早期红色文化印记，真实铭刻了中国共产党先驱开天辟地的大事件，为中国文化增添了较为丰富的红色革命元素，是我国红色文化的起源。可以说，伟大建党精神孕育了先进的红色文化，而红色文化承载了以伟大建党精神为源头的中国共产党人精神谱系，是伟大建党精神精髓的历史见证和生动呈现，蕴含着丰富的物质载体和深邃的精神指向。作为中国特色的先进文化，红色文化凝结了中国共产党百年来践行伟大建党精神的奋斗历程，可以具体展现为每个历史事件、每位革命英雄、每件革命文物等。它通过对伟大建党精神内涵的具象化呈现可以更好地发挥伟大建党精神的独特育人功能，为高校开展大学生马克思主义信仰教育活动提供有效载体。无论是红色旧址、红色文物、红色书刊等物质层面的红色文化，还是革命理想、革命信念、道德规范等精神层面的红色文化，都蕴含着中国共产党人的初心使命、理想信念、顽强意志和光荣传统，既充分表达了伟大建党精神的内涵与外延，也是马克思主义在中国不断发展和实践的见证。这些都是马克思主义信仰教育的优质内容，能够有力承载起马克思主义信仰教育的目标与任务，是新时代大学生马克思主义信仰教育的历史载体，有利于通过党的历史更好地向学生内心深处传递马克思主义信仰。

(二)伟大建党精神的红色文化有利于为大学生马克思主义信仰教育提供文化载体

伟大建党精神孕育的百年红色文化是近现代中国特有的一种文化现象，其随着中国共产党的诞生和成长而形成，构成了中国共产党领导全国人民开展革命、建设和改革活动的思想文化基础，是中国人民和中华民族在努力实现民族独立、人民解放和国家富强进程中浴血创造出来的宝贵文化财富，具有深远的文化价值和社会意义，为新时代大学生马克思主义信仰教育提供了优质的文化载体。红色文化既继承了中华民族的优良传统和民族精神，又凝聚了代表全世界无产阶级和人类解放的先进思想，是具有中国特色的先进文化。

首先，伟大建党精神孕育的百年红色文化是大众文化。红色文化是在中国共产党不断探索马克思主义与中国具体实际相结合的过程中形成的，归根结底是人民群众在革命和建设生活中创造的。人民性是红色文化的基本价值取向，这就决定了它是科学的、大众的文化，而不是贵族文化。红色文化继承了中华优秀传统文化的精髓，蕴含了地道且丰富的中国元素，并以质朴、现实、生动的方式在民间广为传播，容易被当代中国大学生理解、接受和认同。

其次，伟大建党精神孕育的百年红色文化是先进文化。1949年中华人民共和国成立前夕，毛泽东把红色文化称为"中国人民学会了的马克思列宁主义的新文化"①。依靠红色文化的先进性，我们党和人民先后取得新民主主义革命、社会主义建设和改革开放的胜利，终结了世界近代史上看不起中国人民和中国文化的时代。红色文化充分符合时代潮流，塑造了时代风气，引领了近现代中国文化走向，高度促成了中国人民思想文化的新觉醒，带来百年中国的文化嬗变和长足发展。就先进性而言，它不仅超越了中国封建社会和半殖民地半封建社会的落后文化，也超越了整个资本主义

---

① 毛泽东. 毛泽东选集(第四卷)[M]. 北京：人民出版社，1991：1515.

世界的腐朽文化，促使中华民族文化软实力空前增强，让中国人民重拾文化自信。

最后，伟大建党精神孕育的百年红色文化是时尚文化。红色文化既不是古板的，也不是僵化的，而是始终与时代同行的。红色文化不仅在形成时期引领世界革命潮流、吸引了当时很多中国年轻的先进分子，而且在社会主义建设和改革的伟大实践中焕发生命力，能够与新时代潮流文化元素、经济社会发展需求相融合，通过新技术、新媒介乃至文旅产品等现代方式传播表达，成为新时代大学生喜闻乐见的文化形式。

(三)伟大建党精神的红色文化有利于为大学生马克思主义信仰教育提供实践载体

马克思主义信仰教育是以马克思主义信仰为内容与主旨的教育，需要在理论和实践相结合的教育方式中实现"知""信""行"的有机统一。马克思主义信仰的理论教育有博大精深、与时俱进的马克思主义理论作为强大依托，而其实践教育需要走进现实和社会中去深入开展。伟大建党精神孕育出的红色文化具有鲜明的意识形态，其以历史遗迹、革命旧址、红色文物、纪念馆、博物馆、名人故居、文献资料、红色歌谣和英雄事迹等形式星罗棋布般分布在我国960多万平方千米的广袤大地上，是中国共产党诞生、成长、奋斗历程的真实见证，是人们滋养信仰、淬炼灵魂的精神富矿。这些存量丰富、形态多样的红色文化是中国共产党领导全国人民践行马克思主义信仰的活动印记，构成了党和国家的红色基因库，蕴含着十分丰富的革命情怀和实践智慧，具有教育人、激励人和塑造人的积极功能，可以为大学生马克思主义信仰教育活动提供最生动的"活教材"和优质的实践载体。

习近平总书记指出："共和国是红色的，不能淡化这个颜色。"①作为在伟大建党实践中淬炼而出的红色文化，其内蕴的人、物、事、魂都寄托着革命者的崇高信仰，也象征着行动的力量，其生命力在于将理论化"知"的层次提升到社会化"行"的高度，让抽象的理论走出书斋、回归现实。红色

---

① 霍小光，张旭东，张晓松，等.上下同心再出发[N].人民日报，2019-03-15(1).

文化对个体信仰的塑造，往往不是"疾风骤雨"，而是"润物细无声"般地教化，将自身内含的精神力量转化为个体的价值取向和行为依据。通过整理、开发与利用大众化、生活化的红色文化资源，施教者可以摆脱理论上的空洞说教与枯燥乏味，依据教育内容和目标创新设计符合大学生认知特点的教育实践活动，用新时代大学生日常易理解、喜闻乐见的形式传播马克思主义，有利于为大学生学习、接受和信仰马克思主义提供积极的实践体验，使蕴含伟大建党精神的红色文化成为新时代大学生信仰的"孵化器"、"发动机"和"加油站"，促使大学生将马克思主义信仰内化于心、外化为行，自觉以马克思主义作为自己的行动指南。

三、伟大建党精神的丰富内涵有利于提升大学生马克思主义信仰教育效果

伟大建党精神是马克思主义信仰在近代中国特殊历史时期绽放的精神之花，饱含中国共产党人对马克思主义矢志不渝的信仰，是中国共产党百年征程的精神之源、事业之根、力量之基，其丰富而深刻的内涵从不同层面生动诠释了崇高的马克思主义信仰。将伟大建党精神的丰富内涵融入新时代大学生马克思主义信仰教育，有利于大学生从中国共产党先驱的宝贵精神遗产中汲取精神养分，在中国共产党先驱的奋斗实践中深刻感悟马克思主义信仰。总的来说，它有利于从四个方面提升大学生马克思主义信仰教育效果。

(一)以"坚持真理、坚守理想"为指路明灯，有利于引导大学生学习马克思主义真理、争做新时代的逐梦者

"坚持真理、坚守理想"意指坚持马克思主义真理、坚守共产主义理想，马克思主义奠定了坚守共产主义理想的理论基础，共产主义理想则体现了坚持马克思主义真理的远大意义。它是伟大建党精神内核的首要内容，也是马克思主义信仰的逻辑起点。它能够表明，伟大建党精神不是莽夫式的冒险精神，也不是短期或者私利主义催化的产物。自从马克思主义随着俄国十月革命的一声炮响传入中国，其以严谨开放的真理魅力和令人

向往的共产主义理想吸引了众多中国先进分子渴求的目光，赢得了一批又一批中国青年对其的真挚信仰，成为每位中国共产党人心中的思想旗帜和行动指南，乃至成为立党立国、兴党强国的根本指导思想。百年来，马克思主义真理、共产主义理想犹如指路明灯，一直照耀着中国人民曲折而前进的探索道路，帮助中国人民一次又一次走出泥泞的历史沼泽、避开危险的现实陷阱、在荆棘中开辟出宽阔大道。中国共产党的百年奋斗历程一再表明，正因为有马克思主义真理作为理论基础，有共产主义远大理想和中国特色社会主义共同理想作为实践追求，中国共产党人的马克思主义信仰才能立得住、站得久、行得远。

真理是帮助人民解决实际问题的法宝，理想是指引人民奋斗方向的航标。作为中国特色社会主义建设和践行中国梦的未来主力军，新时代大学生需要用真理武装头脑、指导实践，也需要用社会理想作为砥砺奋斗的精神支柱。马克思主义的真理和理想是促使大学生马克思主义信仰形成的逻辑起点，可以为培育大学生马克思主义信仰提供深厚的思想资源和精神动力。将伟大建党精神融入新时代大学生马克思主义信仰教育，就是要使大学生以理解"坚持真理、坚守理想"的精神内核为起点，深刻感悟中国共产党人对"坚持真理、坚守理想"的伟大践行，这有利于大学生自觉用马克思主义的立场、观点、方法武装头脑，有利于大学生正确认识个人理想与社会理想、个人价值与社会价值之间的关系，努力将中国特色社会主义的共同理想、共产主义的远大理想与自身人生规划结合起来。

(二) 以"践行初心、担当使命"为行动导向，有利于引导大学生为理想信念奋发有为、培育社会责任感

"践行初心、担当使命"是伟大建党精神的重要内容，是建立在马克思主义真理和共产主义理想基础之上的行动诠释，也是马克思主义真理和中华优秀传统文化、近代中国命运前途相结合的产物。它继承了以爱国主义为核心的民族精神，蕴含了中华民族"先天下之忧而忧，后天下之乐而乐""为民请命，为国担当"的光荣传统和崇高美德。它将共产主义和爱国主义相结合，赋予了爱国主义精神新的内涵，确立了中国共产党为中国人民谋

幸福、为中华民族谋复兴的初心使命，集中体现了中国共产党人的赤子之心和家国情怀。珍贵的初心贵在践行，伟大的使命重在担当。

只要践行初心，就不会偏离方向；只要担当使命，就不会精神懈怠。在中国最早播下马克思主义火种的李大钊，就矢志把自身的人生价值与民族的未来、人民的前途紧密结合，并用生命率先诠释和践行了中国共产党人的初心使命，其在《狱中自述》中真诚写道："钊自束发受书，即矢志努力于民族解放之事业，实践其所信，励行其所知。"1922 年 9 月，已是滇军名将的朱德为追求革命真理，寻找解救时局的"药方"，不惜万里寻党，前往法国留学，后转往德国留学，同年 11 月加入中国共产党。在社会主义建设和改革开放时期，中国共产党坚守初心使命，自觉站在民族复兴、人民幸福的立场想问题、作决策、做事情、干事业，领导人民致力于建设繁荣富强的社会主义国家。习近平总书记在党的二十大报告中明确提出"以中国式现代化全面推进中华民族伟大复兴"，将实现"人民生活更加幸福美好"作为我国在新征程上的总体目标之一。将"践行初心、担当使命"的重要内涵科学融入新时代大学生马克思主义信仰教育，要求高校聚焦国家发展战略和目标，在新征程上以担当意识厚植大学生家国情怀，这有利于促进高校在落实立德树人根本任务的过程中始终与国家发展现实目标、未来方向保持高度一致，有利于引导新时代大学生继承爱国主义的民族精神、树立马克思主义国家观，从而激励他们在实现中华民族伟大复兴的接力赛中跑好属于自己的这一棒。

(三) 以"不怕牺牲、英勇斗争"为实践品性，有利于塑造大学生的社会奉献意识、培养克服困难的顽强意志

狭路相逢勇者胜。"不怕牺牲、英勇斗争"是中国共产党人践行初心使命、克敌制胜的重要法宝，也是伟大建党精神得以横空出世、震撼世人的重要成因，展现了中国共产党顽强的精神意志和强大的精神优势。

革命是社会、政治和经济的大变革，是被压迫阶级武装反抗压迫阶级、用暴力夺取政权的行动，其过程必然充满着无穷无尽的危险和困难，需要革命者拥有巨大的牺牲勇气才能完成。斗争、牺牲往往是成功完成革命活动的必经环节，也是自鸦片战争以来中国人民在救亡图存中形成的革

命传统，其在中国共产党的创建活动中得到新的延展。① 在参与建党的成员中，大部分是知识分子，他们有着相对优越的生活条件，却甘愿牺牲个人安全、发展与世俗的享乐时光，不惜冒着遭政治迫害的风险而投身建党伟业，充分体现了不怕牺牲、英勇斗争的精神特质。这种斗争是对社会黑暗的斗争，是走出书斋、付诸现实的斗争，是牺牲小我、成就大我的斗争，是有别于以往口头宣扬的斗争，更是有别于以往为个人私利或者少数人利益而牺牲的斗争。实践证明，无产阶级具有最彻底的革命性，无产阶级政党最富斗争和牺牲精神。据不完全统计，在长期的革命斗争岁月中，全中国约有 2000 万名烈士英勇牺牲，其中有名可考的烈士就有 193 万余人。毛泽东同志在《论联合政府》中这样写道："成千成万的先烈，为着人民的利益，在我们的前头英勇地牺牲了，让我们高举起他们的旗帜，踏着他们的血迹前进吧！"②中国共产党在革命斗争和牺牲中不断发展壮大，在社会主义建设和改革时期坚持大力发扬斗争和牺牲精神，尤其在新时代面对攻坚期、深水区的改革形势和艰巨任务，中国共产党敢于啃硬骨头、敢于涉险滩，把伟大斗争贯穿实现伟大中国梦的始终。未来属于青年大学生，依旧充满着具有许多新的历史特点的风险挑战，在他们身上也依旧肩负着重要的历史使命。虽然我们目前处于和平建设时期，但是在新时代大学生马克思主义信仰教育中弘扬包含"不怕牺牲、英勇斗争"内容的伟大建党精神也是必要的，这有利于新时代大学生深刻理解党应对危机困境的伟大实践及历史启示，有利于塑造大学生的社会奉献意识、培养克服困难的顽强意志。

（四）以"对党忠诚、不负人民"为信仰旨归，有利于提升大学生思想政治觉悟、践行"以人民为中心"的思想

忠诚印寸心，浩然充两间。"对党忠诚、不负人民"是伟大建党精神的信仰旨归，是指中国共产党人对党组织、对党的理论和路线方针政策的高度忠诚，并以全心全意为人民服务作为党的根本宗旨，深刻体现了中国共产党人党性与人民性的高度统一，充分彰显了其鲜明的政治品格与至善的

---

① 吴德刚. 伟大建党精神孕育与形成［M］. 北京：中共党史出版社，2023：126.

② 毛泽东. 毛泽东选集(第三卷)［M］. 北京：人民出版社，1991：1098.

宗旨本色。一方面，对党忠诚是中国共产党人首要的政治品质和第一位的党性要求，是党和人民事业不断取得胜利的坚强保障。李大钊同志在《团体的训练与革新的事业》一文中痛切谈道中国近代政党"既无政党之精神，亦无团体的组织"，看起来形同散沙，更无法指望其为人民谋福利。作为新型而先进的政党，中国共产党克服了近代其他政党的弊端，深刻认识到纪律就是党的生命，从建党开始就致力于组建高度忠诚的队伍和"强固精密"的组织。中共一大通过了中国共产党第一部纲领，这部纲领是党章的雏形，规定了入党标准，指出"凡承认本党纲领和政策，并愿意成为忠实党员的人"，才能"成为我们的同志"，且"在加入我们队伍之前，必须与企图反对本党纲领的党派和集团断绝一切联系"。中共二大通过了《中国共产党章程》，其中心内容是建立严密的党组织，加强党的纪律性建设。该章程用较多的篇幅对党纪做了严格规定，制定了严肃的组织纪律，初步确立了对党的组织和全体党员的政治纪律和忠诚要求，为打造高度忠诚的队伍提供了"制度母体"。另一方面，不负人民是我们党的性质和宗旨的集中体现。中国共产党坚持马克思主义的群众史观，主张实行群众路线，这铸就了广大中国共产党人不负人民的价值追求，是保证党永不变质的重要条件。建党以来，中国共产党始终把人民放在心中最高位置，从毛泽东同志的"为人民服务"到习近平总书记的"我将无我，不负人民"，不断丰富和发展马克思主义的人民观无不深刻体现了中国共产党对人民群众的真挚感情和强烈的服务意识。在新时代大学生马克思主义信仰教育中弘扬包含"对党忠诚、不负人民"内容的伟大建党精神，有利于大学生从中国共产党的百年奋斗历程中领悟马克思主义信仰的忠诚品格和人民立场，有利于大学生提升思想政治觉悟、践行"以人民为中心"的思想。

第五章

伟大建党精神融入大学生马克思主义信仰教育的内容体系

伟大建党精神产生于中国共产党创立时期，贯穿中国共产党兴党强国的整个过程，其精髓内容在过去、现在和将来都始终是中国共产党人强大的精神支柱。高校将伟大建党精神融入新时代大学生马克思主义信仰教育，既要坚持伟大建党精神内容的本质精髓，也要结合时代条件和大学生特点将伟大建党精神内容时代化、具体化，实现伟大建党精神内容到大学生马克思主义信仰教育实践的时空情境转换，消弭新时代大学生和一百年前先进青年由于历史情境差异所产生的思想鸿沟，帮助新时代大学生更好地理解和接受伟大建党精神中蕴含的马克思主义信仰，促进其对马克思主义信仰的认知、认同到践行。为此，高校应高举伟大建党精神旗帜，从以下四个方面构建马克思主义信仰教育的相关内容体系。

第一节　高举伟大建党精神旗帜，构建以马克思主义中国化时代化为中心的教育内容

为了追求真理、坚守理想，中国共产党始终坚持以马克思主义为根本指导思想，结合中国具体实际、时代特征不断推进马克思主义中国化时代化，深刻体现了伟大建党精神的思想之源、生命之魂。高校将伟大建党精神融入新时代大学生马克思主义信仰教育，必须构建以马克思主义中国化时代化为中心的教育内容，让信仰教育内容贴合中国具体实际、紧跟时代发展步伐。

第一，以伟大建党精神为引领，用马克思主义中国化时代化的光辉历程丰富信仰教育内容。在庆祝中国共产党成立 100 周年大会上，习近平总书记指出："中国共产党坚持马克思主义基本原理，坚持实事求是，从中国实际出发，洞察时代大势，把握历史主动，进行艰辛探索，不断推进马克思主义中国化时代化，指导中国人民不断推进伟大社会革命。"[①]党的百年奋斗历程和马克思主义中国化时代化的伟大进程相互交织、相映生辉，中国共产党的成立是马克思主义在中国落地生根的开始，也为开启马克思主义中国化时代化历程奠定了坚强的组织基础。"坚持真理、坚守理想"是伟大建党精神的首要内涵，马克思主义中国化时代化则深刻体现了中国共产党坚持真理、坚守理想的光辉历程，它不仅深刻改变了中国面貌，还极大丰富了马克思主义，充分彰显了中国共产党人对马克思主义真理的忠诚信奉和对共产主义理想的坚定实践。马克思主义中国化时代化的光辉历程是马克思主义理论与中国具体国情、时代特征相结合的过程，分别经历了中国革命实践、社会主义探索实践、改革开放实践等重大历史时期，是几代中国共产党人孜孜以求、接续奋斗的百年奋斗史，既充满着血与火的严峻考验，也不乏惊心动魄、生死攸关的伟大转折，最终使久经磨难的中华民

---

① 习近平．习近平谈治国理政(第四卷)［M］．北京：外文出版社，2022：9.

137

族迎来了伟大复兴的光明前景。这段波澜起伏、辉煌曲折的历史进程可以为大学生马克思主义信仰教育提供精彩而丰富的内容素材，有利于新时代大学生学史明理、学史增信、学史崇德、学史力行，有利于新时代大学生从中国共产党不断推进马克思主义中国化时代化的光辉历程中汲取信仰力量。

第二，以伟大建党精神为引领，用马克思主义中国化时代化的理论精髓丰富信仰教育内容。中国共产党把坚持马克思主义和发展马克思主义结合起来，不仅推进了马克思主义中国化时代化的实践历程，而且在实践基础上催生了马克思主义理论的伟大创新，先后创立了毛泽东思想、邓小平理论，形成"三个代表"重要思想、科学发展观，创立了习近平新时代中国特色社会主义思想，既彰显了其追求真理、揭示真理、发展真理的科学态度，也深刻体现了实事求是、解放思想、与时俱进等马克思主义中国化时代化的理论精髓，指导着党和人民事业不断开创新局面。其中：毛泽东思想是中国共产党在革命时期为了追求真理、坚守理想而创立的理论成果，也是马克思主义中国化时代化的第一个重大理论成果，通过确立实事求是的思想路线和群众路线开辟了马克思主义中国化的正确道路，指导新民主主义革命和社会主义革命与建设取得伟大胜利；邓小平理论是中国共产党在社会主义建设时期为了追求真理、坚守理想而取得的重要理论成果，也是马克思主义在中国发展的新阶段，通过坚持解放思想、实事求是揭示了社会主义与市场经济之间的客观联系，开辟了中国特色社会主义道路；"三个代表"重要思想是中国共产党在推进改革开放进程中为了追求真理、坚守理想而取得的又一重要理论成果，其在世界社会主义出现严重曲折的严峻考验面前捍卫了中国特色社会主义，成功把中国特色社会主义推向21世纪；科学发展观是中国共产党在21世纪推进马克思主义中国化时代化的重要理论成果，强调以人为本，坚持全面、协调、可持续的发展观，成功在新形势下坚持和发展了中国特色社会主义；习近平新时代中国特色社会主义思想是中国共产党在新的历史条件下为了追求真理、坚守理想而取得的重要理论成果，是当代中国马克思主义、21世纪马克思主义，其坚持人民至上、坚持自信自立、坚持守正创新、坚持问题导向、坚持系统观念、坚持胸怀天下，实现了马克思主义中国化时代化新的飞跃。以马克思主义中国化时代化理论精髓丰富信仰教育内容，有利于新时代大学生领悟中国共产党追求真理、坚守理想的精神境界，促进其从马克思主义中国化时代化理论精髓中深入理解马克思主义信仰的本质。

第三，以伟大建党精神为引领，用马克思主义中国化时代化的新境界丰富信仰教育内容。在伟大建党精神的感召下，中国共产党百年来进行了一系列重大理论创新和实践创新，使自身历经考验磨难却长盛不衰。尤其在新时代条件下，习近平新时代中国特色社会主义思想不仅继承和发展了马克思主义，而且开辟了马克思主义中国化时代化的新境界，充分彰显了新时代中国共产党人坚持真理、坚守理想的精神品格。高校在推进和加强新时代大学生马克思主义信仰教育过程中，必须用马克思主义中国化时代化的新境界丰富信仰教育内容。作为马克思主义中国化时代化的新境界，习近平新时代中国特色社会主义思想从理论和实践相结合的角度深刻回答了重大时代课题，科学阐明了新时代中国发展的方向性质、目标路径、力量保证等一系列重大问题，对新时代党和国家事业发展、推进中华民族伟大复兴历史进程具有决定性意义，为丰富和发展马克思主义做出了原创性贡献，为传承发展中华优秀传统文化做出了历史性贡献，为促进人类和平与发展做出了世界性贡献。它不仅实现了对中国特色社会主义建设规律认识的新跃升，而且用马克思主义中国化时代化新境界为新时代党和国家事业发展提供了根本遵循，也为新时代高校深入推进马克思主义信仰教育内容提供了新的理论滋养。例如，党的十八大以来，我们党对执政党建设规律的认识达到新的高度，在全面从严治党等关键问题上取得重大突破，探索出了制度治党、依规治党的长远之策、根本之策，开辟了百年大党自我革命的新境界。以这些新境界、新内容丰富大学生马克思主义信仰教育内容，有利于大学生对中国共产党产生新的认识与信任，坚定其对马克思主义信仰的追求和对中国特色社会主义的信念。

第二节　高举伟大建党精神旗帜，构建以爱国主义情怀为重点的教育内容

为了拯救民族危亡、实现救亡图存，中国共产党自 1921 年成立以来就

把为中国人民谋幸福、为中华民族谋复兴作为自己的初心使命，克服了以往一切政治力量追求自身特殊利益的历史局限性，并在百年奋斗历程中始终团结带领中国人民战胜了来自各方面的风险与挑战，推动中华民族伟大复兴进入了不可逆转的历史进程，充分展现了其浓厚和坚定的爱国主义情怀。高校深入推进大学生马克思主义信仰教育，要善于构建以爱国主义情怀为重点的教育内容，让大学生深刻理解马克思主义信仰与祖国命运前途之间的紧密关系，引导大学生用信仰之光照亮中华民族伟大复兴新征程。

第一，以伟大建党精神为引领，用民族历史丰富信仰教育内容。唐代史学家刘知幾曾说："史之为用，其利甚博，乃生人之急务，为国家之要道。"这旨在表达历史对个人、对国家的社会功能。2021 年在全党开展党史学习教育之际，习近平总书记也明确指出："学史增信，就是要增强信仰、信念、信心，这是我们战胜一切强敌、克服一切困难、夺取一切胜利的强大精神力量。"[1]中华民族有着五千多年绵延传承的悠久历史，既创造了灿烂辉煌的文明，也经历过苦难屈辱的岁月；既是一部可歌可泣的壮丽诗篇，也是一部优质的育人教科书。因此，高校将伟大建党精神融入大学生马克思主义信仰教育，要善于运用民族历史，尤其是注重运用中国近现代史丰富信仰教育内容。中国近现代史始于鸦片战争，以沦为半殖民地半封建社会的民族屈辱为开端，先后经历了辛亥革命后的资产阶级民主革命时期、中华人民共和国成立至改革开放之前的社会主义建设时期以及改革开放以来的社会主义市场经济时期，是一段中国人民反对帝国主义、封建主义和官僚资本主义，追求国家独立、人民解放和民族复兴的奋斗史，有着丰富而深刻的党史、新中国史、改革开放史、社会主义发展史资源，是教育学生、启迪学生、鼓舞学生的宝贵财富。这不仅有利于增强学生的历史自觉性和历史自信，而且有利于大学生从观察波澜壮阔的历史演变和发展进程中树立科学的马克思主义唯物史观，学会用历史的思维把握历史规律和历史趋势，弄清楚、理解透中国共产党为什么"能"、马克思主义为什么"行"、中国特色社会主义为什么"好"。

第二，以伟大建党精神为引领，用中国国情丰富信仰教育内容。毛泽东

---

① 习近平. 学史明理 学史增信 学史崇德 学史力行[J]. 求是，2021（13）：9.

同志曾深刻指出："认清中国社会的性质，就是说，认清中国的国情，乃是认清一切革命问题的基本的根据。"①从登上中国政治舞台之日起，中国共产党坚持将马克思主义作为根本指导思想是正确认识和准确把握中国国情的政治选择，他们不仅认识到中国是一个幅员辽阔、人口众多的多民族国家，而且深刻分析了中国半殖民地半封建社会的性质，揭示了近代中国遭受深重苦难的根源，认为只有马克思主义可以为中国的发展破除障碍，并从根本上解决中国的问题。但是，面对复杂的中国国情、中国的问题和全新的时代境遇，我们不能简单照抄书本和别国发展模式，否则容易犯教条主义、本本主义的错误。为了让马克思主义更好地指导党和国家的各项事业，中国共产党坚持立足中国具体国情实践马克思主义、发展马克思主义，创造性地实现了马克思主义中国化时代化，使中华民族迎来了从站起来、富起来到强起来的伟大飞跃。高校将伟大建党精神融入大学生马克思主义信仰教育，要善于运用中国国情丰富信仰教育内容，使学生了解本国政治、经济、社会、自然生态等方面基本情况，让其认识到我国仍处于并将长期处于社会主义初级阶段，认识到马克思主义与中国国情相结合给中国革命、建设和改革开放带来的历史性巨变，认识到新时代中国社会主要矛盾所发生的深刻转变，促使大学生对中国道路、理论、制度和文化产生由衷的自信，从而树立马克思主义信仰、坚定中国特色社会主义信念。

第三，以伟大建党精神为引领，用中华优秀传统文化丰富信仰教育内容。中华优秀传统文化是孕育伟大建党精神的文化沃土，其推崇的传统家国观念为伟大建党精神的浓厚爱国主义情怀提供了直接的原料养分。中华民族是一个伟大的民族，虽然历经磨难，但是仍然在新的历史条件下焕发生机，这得益于历代中华儿女对家国深怀的拳拳之心。这种拳拳之心是在我国古代自给自足的生产方式、家国一体的政治结构、修齐治平的伦理文化基础上长期发展、积淀而来，带有鲜明的民族文化印记。古代男耕女织、自给自足、相对稳定的小农经济使得人们容易对养育自己的土地、乡邦产生浓厚的依恋之情。为此，中国古人常常家国并举，建立了家国一体的政治组织结构，强调"天下一家""四海之内若一家""四海之内，皆兄弟

---

① 毛泽东.毛泽东选集(第二卷)[M].北京：人民出版社，1991：633.

也"，逐渐孕育出家国一体的民族心态与文化。① 例如，儒家经典《大学》中的"一家仁，一国兴仁；一家让，一国兴让"，道明了国与家在本质上是相通的。在家国文化的影响与熏陶下，中国古人常将自己的人生抱负与安邦定国紧密结合在一起，主张"修身齐家治国平天下"，抱有"闲居非吾志，甘心赴国忧"的情怀与"感时思报国，拔剑起蒿莱"的追求，并在国家、民族大义前展现了"杖汉节牧羊，卧起操持，节旄尽落""人生自古谁无死，留取丹心照汗青""捐躯赴国难，视死忽如归"的宝贵民族气节，这都反映出古人丹心报国的志向。这种志向在后人传承的过程中不断被发扬光大，为近现代中华儿女提供了共同推崇和实践的精神共识，也为中国共产党人初心使命的形成提供了最为丰厚的文化土壤。因此，高校将伟大建党精神融入大学生马克思主义信仰教育，要善于运用中华优秀传统文化丰富马克思主义信仰教育内容，让学生从中华优秀传统文化视角深刻理解伟大建党精神蕴含的浓厚爱国主义情怀。

第三节　高举伟大建党精神旗帜，构建以提升意志品质为重点的教育内容

为了实现初心使命，中国共产党历经千难万险，在血与火的考验中，锤炼出不怕牺牲、英勇斗争的意志品质，不断开辟新境界，创造出彪炳史册的人间奇迹。作为新时代大学生，他们在和平而丰裕的社会环境里成长起来，没有经历过社会战乱和贫乏困苦，相关承受挫折能力和应对能力普遍较弱。同时，他们的意志正处于形成时期，具有不稳定、不平衡的特点，在多元文化和现实挫折面前容易出现信仰动摇、畏惧困难等问题。高校深入推进大学生马克思主义信仰教育，要善于构建以提升意志品质为重点的教育内容，以榜样的力量促进大学生形成良好的意志品质，帮助其抵御外界的干扰和困难，为其坚定马克思主义信仰提供意志力保障。

---

① 刘水静，魏薇. 中华优秀传统文化中的爱国主义精神：起源、内涵与特征[J]. 学校党建与思想教育，2020(17)：4-9.

第一，以伟大建党精神为引领，用新民主主义革命时期中国共产党人舍生取义的事迹丰富信仰教育内容。新民主主义革命时期是中国人民信仰觉醒的时期。它以 1919 年五四运动为开端，以旧民主主义革命不曾有的姿态彻底地、不妥协地反对帝国主义、封建主义、官僚资本主义，最终建立了一个中国无产阶级领导的各个革命阶级联合专政的新民主主义社会。在这期间，中国共产党第一次尝试将马克思主义理论与中国国情相结合，领导全国人民浴血奋战、百折不挠，走出了一条不同于俄国十月革命的道路，即农村包围城市、武装夺取政权的革命道路，不仅彰显了信仰之美、真理之力，而且表现出顽强的革命意志和大无畏的英雄气概。在中国共产党领导新民主主义革命的过程中，革命者前仆后继、舍生取义，共牺牲 370 多万人，平均每天牺牲 370 多人，用血肉之躯为自由、民主、独立的中华人民共和国的成立奠定基石，涌现出无数感人的革命烈士事迹。例如，有"铁肩担道义，妙手著文章"的李大钊同志，有高唱《国际歌》慷慨就义的土家族女革命家向警予同志，有出身于大地主家庭但自幼同情贫苦农民的彭湃同志，有在狱中受尽酷刑、壮烈殉难的蔡和森同志，有从一介书生成长为革命领袖的瞿秋白同志等。高校将伟大建党精神融入大学生马克思主义信仰教育，要善于运用新民主主义革命时期中国共产党人舍生取义的事迹丰富信仰教育内容，让学生从革命先烈的英勇事迹中提升自身意志品质。

第二，以伟大建党精神为引领，用社会主义革命和建设时期中国共产党人艰苦奋斗的事迹丰富信仰教育内容。社会主义革命和建设时期是中华人民共和国成立之后中国共产党领导全国人民践行马克思主义信仰、探索社会主义道路的伟大历史时期。这一时期，我国面临的主要任务是实现从新民主主义到社会主义的转变、推进社会主义革命和建设，为促进国家繁荣富强、实现人民当家作主奠定根本政治基础和制度基础。在这期间，中国共产党不仅取得了独创性理论成果，而且在"一穷二白"的基础上建立了独立的、比较完整的工业体系和国民经济体系，同时农业生产条件得到显著改变，文化教育、医疗卫生、交通运输等事业取得重大发展，为开创中国特色社会主义道路提供了物质条件。对此，美国学者莫里斯·迈斯纳曾指出："长期以来被耻笑为'东亚病夫'的中国已经跻身于世界前 6 位最大的工业国家之列。"①在那个激情燃烧的岁月，全党保持了良好精神状态，全社会形成了良好社会风气，那是一个英雄辈出、精神昂扬的年代，涌现出众多矢志艰苦奋斗的感人事迹和模范人物。例如，有"宁肯少活二十年，拼命也要拿下大油田"的以"铁人"王进喜为代表的大庆石油工人，有在重峦叠嶂的险峻环境中用简陋工具建成"人造天河"红旗渠的河南林县（现林州市）人民，有身先士卒治"三害"、人民的好干部焦裕禄等。高校以这些自力更生、艰苦奋斗的事迹丰富信仰教育内容，有利于大学生从这些劳动模范身上学习坚强的意志品质，提升战胜各种现实困难的信心。

第三，以伟大建党精神为引领，用改革开放时期中国共产党领导全国人民敢闯敢试的事迹丰富信仰教育内容。改革开放是中国共产党的一次伟大觉醒。1978年党的十一届三中全会是中华人民共和国成立以来中国共产党历史上具有深远意义的战略转变，其在对党和国家前途命运深刻把握的基础上冲破长期"左"倾错误思想的严重束缚，高度评价了关于真理标准问题的讨论，重新确立了马克思主义实事求是的思想路线，标志着我国进入改革开放历史新时期，中国共产党从此开始了建设中国特色社会主义的新探索。这一时期，以邓小平同志为主要代表的中国共产党人以思想破冰引领改革，阐明了社会主义初级阶段理论，提出了以经济建设为中心的思想，把全党的工作重点和全国人民的注意力转移到了社会主义现代化建设上来，成功开创了中国特色社会主义。以江泽民同志和胡锦涛同志为主要代表的中国共产党人接续奋斗，在世界风云变幻中续写"春天的故事"，建立和完善了社会主义市场经济体制，坚持和发展了中国特色社会主义。在这期间，神州大地涌现出许多敢闯敢试的传奇事迹。例如：改革开放初期"傻子瓜子"创始人年广久的敢闯敢试，催开了中国民营经济的"报春花"；有最早提出"时间就是金钱，效率就是生命"的共产党员袁庚大胆创新实践，为深圳经济特区发展做出了重要贡献；许崇德积极推动中国特色社会主义法律体系建设；等等。高校以这些敢闯敢试的事迹丰富信仰教育内容，有利于大学生继承和发展伟大建党精神中"不怕牺牲、英勇斗争"的意志品质，提升其在改革浪潮中拼搏进取的勇气。

---

① 莫里斯·迈斯纳. 毛泽东的中国及后毛泽东的中国——人民共和国史 [M]. 杜蒲，李玉玲，译. 成都：四川人民出版社，1992：540.

第四，以伟大建党精神为引领，用新时代中国共产党人砥砺奋进的事迹丰富信仰教育内容。党的十八大以后，中国特色社会主义进入新时代。随着世界百年未有之大变局的加速演进，以习近平同志为核心的党中央承前启后、继往开来，以高度的政治自觉性和历史主动精神推动中华民族伟大复兴，强调"必须进行具有许多新的历史特点的伟大斗争"①，"发扬斗争精神、增强斗争本领"②。经过持续努力，新时代中国共产党在大是大非面前保持住了战略定力，敢于举旗亮剑、勇于担当作为，领导全国人民解决了许多长期想解决而没有解决的难题，办成了许多过去想办而没有办成的大事，推动中国经济社会发展发生历史性变革、取得历史性成就，这既深刻体现了马克思主义深邃的斗争哲学，也彰显了中国共产党在风险挑战、困难矛盾面前敢于斗争、善于斗争的精神意志。在新的历史起点上，为实现"两个一百年"奋斗目标，全党涌现出一批砥砺奋进的新时代楷模，有扎根贫困地区四十多年、立志教育扶贫的张桂梅，有放弃国外优厚待遇、至诚报国的时代楷模黄大年，有一心为民的扶贫英雄黄文秀，有"以医者之心救人，以谏士之勇济世"的钟南山，有三十余载逐梦深海、矢志科技报国的万步炎等。在深入推进大学生马克思主义信仰教育的过程中，高校以新时代中国共产党人砥砺奋进的事迹丰富信仰教育内容，有利于新时代大学生真切感受时代发展的脉搏，帮助其在新时代继承和发展伟大建党精神。

第四节　高举伟大建党精神旗帜，构建以马克思主义人民观为重点的教育内容

"对党忠诚、不负人民"，既是伟大建党精神的重要内涵，也深刻体现了马克思主义人民观。为了践行初心使命，中国共产党自成立以来始终坚持马克思主义人民观，教育全党每位成员在任何处境中都要保持对党的绝

---

① 习近平. 习近平谈治国理政(第四卷)[M]. 北京：外文出版社，2022：12.
② 习近平. 习近平谈治国理政(第三卷)[M]. 北京：外文出版社，2020：225.

对忠诚、对人民的无限热爱，确保党和人民的事业具有强大凝聚力、旺盛生命力，并沿着正确方向前进。马克思主义人民观是一个历史范畴，在不同的历史时期，马克思、恩格斯及其后继者在其著作中都体现着与具体实际、时代发展相结合的人民群众思想，如历史唯物主义、中国共产党的群众路线以及新时代以人民为中心的发展思想等。高校深入推进大学生马克思主义信仰教育，必须构建以马克思主义人民观为重点的教育内容，加强对新时代大学生信仰情感的引导和锤炼，培养大学生对党和人民的真挚情感，为其树立和坚定马克思主义信仰提供科学的认同情感。

第一，以伟大建党精神为引领，用历史唯物主义丰富信仰教育内容。马克思、恩格斯创立的历史唯物主义最早体现了马克思主义人民观。历史唯物主义有时也称群众史观，其不仅揭示了人类社会发展的一般规律，而且第一次从社会存在决定社会意识的立场出发考察了社会历史发展的整体过程，提出和论证了"人民群众是历史创造者"的观点，有力驳斥了神学史观和英雄史观。它认为，人民群众是社会物质财富、精神财富的创造者，也是社会变革的决定力量，其总体意愿和行动代表了历史发展方向、决定了历史发展的结局，故而对社会历史发展起决定性作用的事物既不是虚幻的神明，也不是少数英雄人物，而是广大人民群众。恩格斯还利用平行四边形原理提出历史合力论，认为每个个体意志都对历史发展的基本趋势和方向发挥着各自的作用，即"有无数个力的平行四边形，由此就产生出一个合力，即历史结果"①。在这个合力过程中，当少数英雄人物的用力方向与群众合力的方向保持一致时，人们容易误以为是力量更突出的少数英雄人物创造了历史；当少数英雄人物的用力方向与群众合力的方向相反时，人们才会清醒意识到英雄史观的荒谬，认识到人民群众才是真正的英雄。因此，高校将伟大建党精神融入大学生马克思主义信仰教育，要注重运用历史唯物主义丰富信仰教育内容，为学生讲清楚群众史观的科学逻辑，让学生从学理视角领悟伟大建党精神所蕴含的人民情感。

第二，以伟大建党精神为引领，用中国共产党的群众路线丰富信仰教育内容。中国共产党的群众路线既集中体现了马克思主义人民观的基本立

① 马克思，恩格斯. 马克思恩格斯文集(第10卷)[M]. 北京：人民出版社，2009：592.

场观点，也是马克思主义人民观在中国的具体实践和发展。新民主主义革命时期，中国共产党在敌我力量悬殊的艰难环境里迫切寻找强大的力量支持，而后在残酷的斗争实践中逐渐发现"信任人民，和人民打成一片，那就任何困难也能克服，任何敌人也不能压倒我们，而只会被我们所压倒"①，从而结合中国具体实际形成了党的群众路线，主张一切为了群众，一切依靠群众，从群众中来，到群众中去。这是中国共产党在革命时期形成的无比宝贵的历史经验和总结，也是对马克思主义人民观的科学继承和创新发展。它将唯物史观关于人民群众是历史创造者的原理贯穿运用到党在任何时期的全部活动中，始终把人民群众视为强大的后盾，为党永葆先进性、不断取得胜利提供了力量源泉，成为中国共产党的生命线和根本工作路线。例如，在著名的淮海战役中，中国人民解放军在参战兵力、武器装备均处于劣势的情况下能够以少胜多、打败了装备精良的80万国民党军，这得益于其长期坚持贯彻党的群众路线，得益于借助了蕴含在广大民众中的磅礴伟力。高校将伟大建党精神融入大学生马克思主义信仰教育，要注重用中国共产党的群众路线丰富信仰教育内容，让学生深刻认识马克思主义人民观在中国的具体运用，让学生进一步从历史实践中理解伟大建党精神所蕴含的人民情感。

第三，以伟大建党精神为引领，用以人民为中心的发展思想丰富信仰教育内容。习近平总书记于党的十八届五中全会首次提出"着力践行以人民为中心的发展思想"②，并在党的二十大报告中明确指出"坚持以人民为中心的发展思想"③，这是中国共产党长期坚持历史唯物主义和党的群众路线的必然要求，也是马克思主义人民观与新时代中国具体实际相结合的产物，其在新的历史方位中进一步体现了马克思主义政党鲜明的人民立场，诠释了中国共产党不负人民的崇高情怀。以人民为中心的发展思想，主张发展为了占人口绝大多数的人民，而不是为了满足少数人的私利；主张发展依靠人民，强调在新时代中国特色社会主义事业中充分尊重人民的主体

---

① 毛泽东．毛泽东选集(第三卷)[M]．北京：人民出版社，1991：1096.
② 习近平．习近平谈治国理政(第二卷)[M]．北京：外文出版社，2017：213.
③ 习近平．高举中国特色社会主义伟大旗帜 为全面建设社会主义现代化国家而团结奋斗[N]．人民日报，2022-10-26(1).

地位，把人民作为发展的力量源泉，而不是忽视和脱离人民群众；主张发展成果由人民共享，而不是让发展成果落入少数人手中。进入新时代以来，以习近平同志为核心的党中央秉持以人民为中心的发展思想推进新时代中国特色社会主义各项建设事业，取得了举世瞩目的成就。例如，党中央带领亿万人民开展了声势浩大的脱贫攻坚战，以"脱贫路上、新征程上一个也不能少"的顽强决心使现行标准下 9899 万农村贫困人口全部脱贫，解决了困扰中华民族几千年的绝对贫困问题，也促使党的第一个百年奋斗目标如期达成。高校将伟大建党精神融入大学生马克思主义信仰教育，要重视运用以人民为中心的发展思想丰富信仰教育内容，让学生从新时代实践中感悟伟大建党精神所蕴含的人民情感。

第六章

伟大建党精神融入大学生马克思主义信仰教育的机制建设

作为新时代高校思想政治教育工作的重要范畴，将伟大建党精神融入大学生马克思主义信仰教育是一个持续运动和发展变化的工作过程，它如机器运转一样，只有系统各要素、各环节之间紧密结合、连贯一致，相关功能和预期目标才能有效实现。尽管当前我国高校建立了较为健全的思想政治教育工作机制，但是鉴于马克思主义信仰教育工作的重要性和特殊性，有必要在当前高校的大思政体系工作中嵌入相关工作机制，这是促使融入工作规范有序、高效运转与进步创新的重要保障。结合新时代大学生马克思主义信仰教育问题以及融入工作的内容体系，高校可以从组织领导、目标导向、协同运行、评价反馈四方面开展伟大建党精神融入大学生马克思主义信仰教育的机制建设。

第一节　构建融入工作的组织领导机制

一、夯实学校党委的统一领导作用

　　坚持和加强中国共产党对高校的全面领导是中国特色社会主义大学的本质特征和最大优势，是维护学校意识形态安全、做好大学生马克思主义信仰教育工作的根本保证。高校将伟大建党精神融入大学生马克思主义信仰教育，要夯实和发挥学校党委统揽全局、协调各方的统一领导作用，赋予其在融入工作的政治引领、制度构建、凝聚力量、目标实现等方面的指挥中枢地位。首先，学校党委要在政治引领上为融入工作把方向。将伟大建党精神融入大学生马克思主义信仰教育是一项重要的意识形态工作，关乎旗帜、关乎道路、关乎国家政治安全。学校党委要主动扛起政治责任，为融入工作把方向、管大局，既要避免融入工作的领导权旁落，也要在融入工作的全过程发挥指导、监督职能，确保在政治思想和原则性问题上不犯错，防范具体工作层面的执行差池带来的不良后果。其次，学校党委要在制度建设上为融入工作抓规范。将伟大建党精神融入大学生马克思主义信仰教育是一项政治工作，也是一项育人工作，其规范化水平直接关系到整体工作的质量。学校党委要重视通过相关制度建设来规范融入工作的原则、内容、程序与方式方法等，促进融入工作的规范化建设与运行。再次，学校党委要在凝聚力量上为融入工作做协调。将伟大建党精神融入大学生马克思主义信仰教育，是一项需要学校各部门乃至社会力量协同共建的综合性工作。学校党委要深化和发挥党管人才的优势，协调各方力量形成共同参与和推动人才工作的整体合力，为融入工作提供专业支持和良好服务。最后，学校党委要在目标实现上为融入工作提质增效。实现目标是一切工作的出发点和落脚点，育人效果是检验融入工作的最终标准。学校党委在融入工作上要积极找问题、明短板、定目标，将目标转化为任务和责任，且进一步细化分解到人到岗，促使工作目标不空转、能落地，以明确的结果导向保障融入工作质效。

二、加强学校二级党组织的战斗堡垒作用

党的二十大报告指出："把基层党组织建设成为有效实现党的领导的坚强战斗堡垒。"[①]学校党委关于融入工作的各项部署与要求能否落地生效，关键在于能否加强和发挥学校二级党组织的战斗堡垒作用。学校二级党组织应提高政治站位、强化责任意识、加强阵地管理，不断提升自身在融入工作中的凝聚力、战斗力和创造力，做到认识到位、组织到位、举措到位。首先，学校二级党委成员要从思想上认识到融入工作对学校意识形态建设、大学生信仰塑造的重要意义，认真贯彻执行学校党委的统一部署，自觉将相关工作纳入重要工作日程中，统筹规划、精心组织、扎实有序地开展融入活动，推动融入工作的常态化开展。其次，通过建立上下贯通、执行有力的工作体系提升二级党组织在融入工作中的战斗力。学校二级党组织要进一步健全基层功能、完善工作落实机制，配备政治素质高、业务能力强的人员开展具体工作。在组织实施过程中，二级党组织成员既要学习贯彻党和国家的教育方针、政策，也要领会执行学校对融入工作的整体方案与各项要求，还要及时、深入了解学生思想状况和诉求，切实把解决思想问题与解决实际问题结合起来，做到"上接天线、下接地气"，坚持在上下贯通、有机衔接中提升工作落实成效，避免出现执行偏移、脱离实际等现象。最后，学校二级党组织要从举措上创新工作载体、丰富方式方法。长期以来，学校二级党组织在日常党建和学生培养工作中形成了一些行之有效的好传统和经验。我们在融入工作中既要继承发扬这些行之有效的传统做法，也要在新时代、新征程条件下结合伟大建党精神内涵努力探索新载体、新方法，通过创新开展喜闻乐见的特色活动吸引并凝聚学生，全面提高融入工作的时效性和吸引力。

---

① 习近平. 高举中国特色社会主义伟大旗帜 为全面建设社会主义现代化国家而团结奋斗[N]. 人民日报，2022-10-26(1).

三、充分发挥高校党员的先锋模范作用

高校党员包括党员干部、教工党员和学生党员，他们是学校的先进分子，也是学校思想政治教育工作的骨干力量。将伟大建党精神融入大学生马克思主义信仰教育，实质就是把中国共产党人的精神源头和信仰力量在大学生面前展现出来，引导学生学习伟大建党精神、树立马克思主义信仰。其中既包含中国共产党先驱的精神风貌，也包含中国共产党人在百年奋斗历程中的精神风貌，更包含当下每位中国共产党员的精神风貌，这种一脉相承、持之以恒的精神风貌在教育活动中具有重要的教育意义。因此，在融入工作中，高校要重视树立学校党员的骨干地位，树起一个党员一盏灯、一个党员一面旗帜，为他们展现精神风貌、发挥先锋模范作用创造机会和平台。

首先，高校要提供制度平台，明确要求党员干部率先垂范、带头做好融入工作，将相关工作情况作为党员干部评优评先的重要依据。在融入工作中，党员干部不仅要为相关活动提供支持和指导，还应主动深入一线活动中了解工作具体情况、调研学生思想实际，为今后的工作决策和方案改进提供科学依据。

其次，高校要提供资源平台，为教工党员带头做好融入工作提供资源支持。教工党员是开展融入工作的一线骨干力量，他们不仅政治素质高，而且具有较为丰富的施教经验，但是如果缺少相关资源支持，施教效果难免会打折扣。高校要积极从业务、技术等方面为参与融入工作的教工党员提供有力支持，且在年终绩效、职称晋升等方面给予适当激励，为教工党员的施教工作搭建良好平台、做好服务保障工作。

最后，高校要提供志愿者平台，为学生党员积极协助融入工作提供相关机会。学生党员是学生群体中的先进分子，他们综合素质较高、责任感较强，是学校开展融入工作的重要补充力量。在相关施教活动中，高校要尽可能为学生党员提供志愿者机会，安排他们积极投身志愿活动、从事一些力所能及的协助工作，让他们在施教与受教的双重角色中增强信仰。

第二节　构建融入工作的目标导向机制

在融入工作中，突出目标导向有利于学校锚定工作目标、凝聚各方合力。鉴于伟大建党精神与马克思主义信仰的耦合逻辑，结合大学生的认知特点和信仰教育规律，高校可以从以下三个方面构建目标导向。

一、理论认知导向

理论是实践的先导。高校应通过加强理论教育帮助学生形成对伟大建党精神的理论认知，使其领会马克思主义信仰的真理力量。虽然高校弘扬伟大建党精神取得了一定进展，但是不少学生对伟大建党精神的认知仍处于表面化、碎片化的状态。例如：有些学生对伟大建党精神的核心内涵有所了解，但是不清楚背后的理论、历史与现实逻辑；有些非党员学生认为伟大建党精神只与党员有密切关系，而与自身日常关联性不大，缺乏了解和认识伟大建党精神的兴趣；等等。然而，对于育人而言，提高学生的理论认知是取得育人实效的前提和基础。用理论武装大学生头脑，有助于他们运用抽象、概括、推理、判断、归纳和演绎等逻辑思维方法进行独立思考、内化转化，进而改造思想、明辨是非，做到把握信仰方向、筑牢思想之基。否则一知半解、食而不化，信仰之基就会动摇，精神之钙就会缺少，思想之舵就会偏向。因此，融入工作要将提高学生对伟大建党精神的理论认知作为首要目标导向，坚持把理论学习贯穿信仰教育过程的始终，结合新时代条件与大学生特点积极探索理论教育新机制，开展多形式、分层次、全覆盖的理论学习，增强理论学习的针对性、实效性、感染力，在学理性和政治性相统一中引导学生对伟大建党精神的表面认知、碎片认知上升到深入认知、系统认知，让学生在理解伟大建党精神核心内涵的同时，还能结合日常学习和生活体验进一步理解伟大建党精神的生成逻辑、深层内涵、时代价值，以及其与马克思主义信仰的深刻关联等，从理论学习与思考的过程中理解马克思主义信仰的真理力量。

二、情感认同导向

信仰教育是一项有情感温度的工作。《论语》中有云："知之者不如好之者，好之者不如乐之者。"情感认同是人对某一事物或者价值观的情感认可，它对信仰形成具有重要的催化作用，也是知、行转化的重要过渡。高校在构建融入工作的目标导向时，不仅要帮助学生形成对伟大建党精神的科学认知，还要增进学生对伟大建党精神的情感认同。伟大建党精神从中国共产党的历史中瞬间迸发出来，深刻反映了中国共产党人的理想追求，锻造了中国共产党人的初心使命，铸就了中国共产党人的价值观，为改变近代中国的前途命运提供了前所未有、焕然一新的精神气象。它饱含对国家苦难的深切忧虑、饱含对广大底层劳动者的深切同情，蕴含崇高的民族情怀和人民情怀。伟大建党精神如同一座跨越百年的时光桥梁，用刚劲宏伟的身姿将一百年前的动荡中国和一百年后的静好中国相连，人们从桥面走过能够感受到桥梁两岸的巨大反差，一边是落后贫穷、战火纷飞的场景，另一边是高楼林立、安居乐业的场景，给人留下深刻而鲜明的印象。当代大学生能够生活在和平、繁荣的时代，得益于伟大建党精神为我们铺就了希望的道路、给予了我们走向胜利的动力。大学生是知识层次较高且情感丰富的群体，如果施教者在融入工作中重视在今昔对比中以情感人，那么容易引起大学生内心的复杂情愫与情感共鸣，使其对穿越时空的伟大建党精神形成情感认同，进而领会马克思主义信仰的崇高情怀。因此，高校在融入工作中，要将情感认同作为目标导向之一，注重挖掘教育内容中丰富的情感因素，加强教育活动的情感机制建设，善于运用情景式教学与学生集体活动等形式来培养学生的积极情感，引导他们在信仰中找到人生的情感支撑。

三、现实价值导向

强化价值认同，方能实现行动上的自觉。伟大建党精神是在中国共产党伟大实践中形成的，它不仅是一百年前中国共产党开启救亡图存道路的伟力，而且是中国共产党带领全国人民开展兴国、富国、强国实践的内生动力，彰显着其改造中国现实、促进社会进步的磅礴力量。这股伟力来源于"共产党人对马克思主义信仰的深度践行和高度淬炼"①，它是我们现今全面理解"马克思主义为什么行""中国共产党为什么能""中国特色社会主义为什么好"的一把金钥匙。然而，在实际施教过程中，有些学生认为伟大建党精神是中国共产党先驱推动中国革命运动的精神力量，其与当前和平建设时代背景有点不合时宜。这实际上是一种认识误区，掉入了孤立、静止和片面的形而上学陷阱中，既没有从普遍联系视角认识到伟大建党精神是激励中国共产党人继续前进的强大思想武器，也没有从动态发展视角理解伟大建党精神对推进党的建设新的伟大工程、夺取新时代中国特色社会主义事业新胜利的现实意义，还没有从全局视角理解伟大建党精神对实现中华民族伟大复兴的现实意义。高校在开展融入工作时，要将引导大学生理解伟大建党精神在新时代的现实意义作为目标导向之一，善于通过加强实践教育帮助学生认识伟大建党精神深邃的时代洞穿力以及其连接历史、现实与未来的精神纽带功能，让学生理解其永恒的时代价值必将随着社会的发展不断凸显。这有利于学生从中汲取精神力量以实现信仰从内化到外化，帮助学生在多元思潮中自觉继承弘扬伟大建党精神、在风险挑战中砥砺前行、在时代发展中勇担使命，使其争做马克思主义信仰的践行者，从而推动学校实现马克思主义信仰教育成效的外在显现。

第三节　构建融入工作的协同运行机制

一、促进思政课程与课程思政同向同行

高校开展融入工作，关键是将伟大建党精神融入教育教学活动中，这

---

① 杨宏伟，蒲文娟. 论伟大建党精神的信仰向度[J]. 中国特色社会主义研究，2022（Z1）：106-115.

离不开教师全员的协同参与。无论是思政课教师还是专业课教师，都承担着立德树人的重要任务，不仅要向学生传授文化知识，还要注重培养学生健全的人格，帮助其树立人生信仰。由于课程内容与特点的差异，不同课程在具体育人过程中发挥着各自的优势，学校可以通过构建思政课程与课程思政协同机制将它们各自的优势进行有效整合，改善思政课程与课程思政单向发展的现状短板，使其同向同行，形成协同效应，取得"1+1>2"的工作效果。首先，促进思政课程与课程思政在教学内容上互动协同。伟大建党精神既要融入思政课程，也要融入专业课程。高校可以积极组织思政课教师和专业课教师根据各自课程内容深入发掘关于伟大建党精神的教学素材，做到相互补充、提炼升华，整编成案例教材，供全校教师参考使用，形成教学内容上的协同发力。其次，促进思政课程与课程思政在教学方式方法上的互动协同。思政课程和课程思政在教学方式方法上具有各自的经验和特色，其中思政课程是显性教育，对学生产生直接的教育影响，并指引着明确的信仰方向；而课程思政更多承担的是隐性教育功能，对学生的信仰选择产生微妙、间接性的影响。两种教学方式各有所长，但也有自己特定的使用范围和局限性。高校要注重加强思政课教师与专业课教师在教学方式方法上的日常交流，如可以采用互相听课或者项目研究等方式带动双方对话，鼓励思政课教师与专业课教师联合申报教研课题、示范课程等，促进教学方式方法上的互动融合、协同发力。最后，通过激励引导营造思政课程与课程思政协同育人的良好生态。调动教师参与协同育人的积极性是促进思政课程与课程思政协同育人的关键，学校要通过建立多元化的绩效激励机制切实解决好教师在面对协同育人时所产生的"愿不愿""会不会""能不能"的问题，打破教师在课程育人上各自为战的固有思维，激发教师推动思政课程与课程思政协同育人的热情。

二、加强传统载体与现代载体的综合运用

在高校信仰教育实践活动中，载体是教育者和受教育者的中介，发挥着重要的承载与传导功能，其具体表现形态丰富多样，且随着社会发展进步而不断更新，由此产生了传统载体与现代载体之分。信仰教育的传统载

体有线下课程、会议、谈话和报刊媒体等，它们被施教者广泛使用且至今仍然发挥着积极而重要的作用。信仰教育的现代载体有线上课程、文化、活动和移动媒体等，它们以新的形态呈现出来，能够承载更大容量、更为优质或者更加便捷的教育元素，具有明显的互动性与实时性，越来越被施教者所青睐。传统载体和现代载体由于自身特点、运用方式和范围不同，二者在信仰教育实践中存在一定的功能互补关系。高校将伟大建党精神融入马克思主义信仰教育，既要继续发挥好传统载体的优势，也要善于利用现代载体提升工作成效，使两者有机结合、综合运用。一方面，因材施教，选择好载体。大学生在成长经历、知识基础、专业背景乃至个性特征等方面存在较多差异，高校在融入工作中要根据学生类型选择使用合适的载体。例如，对于理论基础较为薄弱、实践能力较强的大学生，施教者在初期要偏重采用传统载体进行理论辅导，对于重要内容要反复集中地传递，增强学生对理论内容的记忆和理解；在中后期则要偏重选择能够承载较多理论信息且实践感、互动性较强的现代载体。另一方面，尝试在传统载体和现代载体的有机结合中创造新载体。高校在融入工作中可以将传统之美和现代之美有机融合，打造线上线下混合式教学、全新的活动或者精神形象标识等新载体，在传统载体与现代载体的双向互补中丰富信仰教育载体形式，以满足大学生马克思主义信仰教育发展的新需要。

三、推动学校家庭社会协同育人

"众人拾柴火焰高。"习近平总书记在全国教育大会上指出："办好教育事业，家庭、学校、政府、社会都有责任。"[1]2023年1月，教育部等十三部门联合印发《关于健全学校家庭社会协同育人机制的意见》，强调"增强协同育人共识，积极构建学校家庭社会协同育人新格局，着力培养德智体美劳全面发展的社会主义建设者和接班人"[2]。高校将伟大建党精神融入大

---

[1] 习近平. 坚持中国特色社会主义教育发展道路 培养德智体美劳全面发展的社会主义建设者和接班人[N]. 人民日报，2018-09-11(1).
[2] 教育部，等. 教育部等十三部门关于健全学校家庭社会协同育人机制的意见[EB/OL].(2023-01-19)[2024-01-17]. https://www.gov.cn/zhengce/zhengceku/2023-01-19/content_5737973.htm.

学生马克思主义信仰教育，是一项重要的育人工作。然而，在实际生活中，影响大学生信仰选择的因素有很多，这些因素不仅来自学校，还来自家庭、社会。因此，高校开展融入工作，不能只靠自己搭台唱戏，还要重视与家庭和社会形成合作互补的育人共同体。学校、家庭、社会协同育人的目的是加强学校、家庭与社会的联系合作，共同发挥育人作用，但是在现实中存在重视程度不够、沟通不畅、角色不清晰等问题。面对这些问题，高校要发挥协同育人的主导作用，与家庭、社会合力探索构建协同育人机制。一方面，学校和家庭应建立良好的沟通渠道和定期联络制度。学校可以通过电子邮件、社交媒体、电话短信、视频会议等方式向家长定期反馈学生在校的思想、学习和生活状况，同时了解学生的家庭情况和家长思想状况。针对有关学生的重要事项和特殊问题，可以在线下通过举行家长会、交流论坛等方式组织家长到校座谈，深入交流学校和家庭之间的协同育人工作，通过加强感情交流、解决现实问题为学生思想成长创造良好的家校育人环境。另一方面，学校要积极整合和利用社会育人资源，与社区、社会组织、公益机构、名人榜样等建立常态化合作关系，共同关注社会思想环境的引导与净化，结合学生思想需求与主要困惑制订和实施联合育人计划。

第四节　构建融入工作的评价反馈机制

一、健全评价反馈制度

融入工作水平的改进与提升离不开评价反馈机制，而良好的评价反馈机制需要制度上的保障。高校可以从两个方面健全评价反馈制度：一方面，建立周期性的评价反馈制度。高校要从学校制度层面明确对融入工作的状况、问题及效果等方面开展定期、常态化的评价与反馈，避免工作过程的"放养式"管理与发展。例如，学校可以一个年度为一个正式评价周期，以一个季度为一个非正式评价周期。在一个正式评价周期里，学校形成相关工作经验、问题的全面性评价与反馈；在一个非正式评价周期里，学校相关部门则根据工作的具体实施情况形成即时性评价与反馈。学校周期性的鉴定、诊断和引导不仅有利于融入工作的有效推进与运转，而且可以让施教者定期、及时地了解学情变化与施教效果，激发施教者有的放矢地寻求更好的教育方案和途径，促进形成一个可预期、能够自我完善的工作局面。另一方面，建立多元化的评价反馈制度。融入工作需要学校不同教育要素之间的相互协同，是学校多维管理与育人能力的综合体现。因此，对融入工作水平的评价反馈也应该是多元化的。多元化的评价反馈包括评价主体、评价内容与评价方法的多维化。相较于单一化的评价反馈，多元化的评价反馈可以从不同站位、更多视角审视工作过程，做出更为全面、准确的诊断。学校在构建多元化的评价反馈制度时，可以在统一的评价目标定位基础上引入流程观念①，即把融入工作分解成具体的工作环节，然后根据各工作环节的具体定位、工作内容选择合适的评价主体、评价内容和评价方法，且为评价数据的分析、聚类和解读工作统一数据交换和分析标准，有效发挥多元化评价主体的合力，保障评价活动有计划、分步骤地推进实施。

二、完善评价反馈内容

将伟大建党精神融入大学生马克思主义信仰教育是一项综合性、协同性工作，高校既要突出评价反馈的重点内容，也要推动评价反馈内容的多元化发展。评价反馈内容的选择与完善可以结合学校实际体现出不同地区、不同类别、不同层次的特殊性和差异性，应尽可能涵盖融入工作的目标、内容、途径、方法以及效果等内容，同时还应包括对组织领导、实施部门的评价，以及对施教者和受教者的评价等。一方面，在评价反馈时要牢牢抓住融入效果这项重点内容。融入工作的效果是检验融入工作成败的试金石，而大学生信仰状况的持续改善则是融入工作取得效果的直接体

---

① 杨于岑. 新媒体时代高职院校思想政治教育评价机制：现实挑战与路径选择[J]. 宁波职业技术学院学报，2020，24（1）：49-52，58.

现，因而在评价反馈过程中要重点关注学生对马克思主义信仰的认知、态度、情感和践行等方面的变化，持续关注学生的信仰困惑、思想问题和现实疑虑有没有得到解决，将学生的受教体验、收获和问题作为评价反馈的重点内容。另一方面，鼓励结合实际情况推动评价反馈内容的多元化发展。效果是过程决定的，我们不仅要评价反馈融入工作的效果，而且要评价反馈融入工作的过程，关注融入工作的顶层设计、队伍建设、实施内容、途径、方式方法等，重视研究学校整体环境、家庭、社会对学生信仰选择的影响，形成较为全面的评价反馈体系。同时，要结合地区差异、学校类别及其层次差异，灵活性地侧重或者延展评价反馈内容，避免出现"一刀切""模板化"等现象。

三、创新评价反馈方法

评价反馈机制的有效实施需要融会贯通科学的评价反馈方法。信仰教育是一项育人工作，其评价反馈工作较为复杂，不是单一方法所能完成的，它既要从量上进行准确衡量，也要从质上进行深入分析，因而定性与定量相结合的方法成为认同度较高且运用较为广泛的评价反馈方法。但是，由于传统技术手段的局限性，定性与定量相结合的方法在实际评价反馈工作中无法得到很好的发挥，时常面临数据搜集效率较低、人工劳动量较多、分析较为滞后等问题。在现代信息技术飞速发展的环境下，传统的定性与定量相结合的评价反馈方法在具体实施中迎来了前所未有的改进契机。一方面，高校将伟大建党精神融入马克思主义信仰教育，要注重利用大数据、人工智能等先进的信息技术对工作过程开展数据搜集与挖掘工作。大数据可以为评价反馈工作提供丰富的数据资源，而人工智能可以从海量数据资源中学习和获取知识，进而实现智能化的评价和反馈。相较于传统测量方法和工具，用大数据和人工智能这两种信息技术手段辅助评价反馈有利于克服传统局限，能够对工作过程进行深度挖掘、提高评价反馈效率，不仅使得评价反馈结果更为客观，而且容易生成个性化、定制化乃至具有一定预测性的评价反馈结果，从而系统化地对融入工作提出精准建议，推动融入工作向高质量发展。另一方面，在对融入工作做定性评价时不能单纯依靠信息技术手段，而是要更加善于以问题为导向，运用分析和综合、比较与分类、归纳和演绎等逻辑分析方法对定量评价所获得的数据、资料进行思维加工，对融入工作过程及其效果等做深入探究，准确掌握学生在信仰态度、情感、行为等方面发生的变化，从中发现育人规律、总结工作经验，形成主客观相结合、具有指导性和建设性的评价反馈结果。

第七章

伟大建党精神融入大学生马克思主义信仰教育的实践探索

归根结底，将伟大建党精神融入新时代大学生马克思主义信仰教育是一项教育实践活动，也是一项新的实践尝试，需要在实践中探索、在实践中发展、在实践中成就。伟大建党精神是中国共产党用实际行动践行马克思主义信仰而形成的时代精华，不仅是激励中国共产党夺取社会主义革命和建设胜利的精神指引，还成为民族复兴进程中鼓舞大学生成为青年马克思主义者的重要工具。站在新的历史起点，新时代大学生作为践行中国梦的青春力量，有必要通过马克思主义信仰教育活动汲取伟大建党精神的信仰力量，在自身成长成才实践中将其转化为推动社会发展和进步的物质力量。为有效运用伟大建党精神的信仰元素、更好地实现其立德树人的时代价值，以及在一定程度上突破当前大学生马克思主义信仰教育的现实困境，我们迫切需要探索其融入新时代大学生马克思主义信仰教育活动的实践原则与有效路径，以期提高大学生马克思主义信仰教育的实际效果。

第一节　伟大建党精神融入大学生马克思主义信仰教育的实践原则

伟大建党精神实质与马克思主义信仰教育的要求、目标与内容等高度契合，这为伟大建党精神融入大学生马克思主义信仰教育提供了天然的理论条件与实践优势。但是，这并不意味着我们在融入过程中可以不用讲究原则和方法。相反，我们要充分发挥这种优势，更需要保障融入过程规范有序进行，避免盲目式、片面式或者表面化融入。我们有必要在遵循教育规律和信仰形成规律的前提下制定一些基本的实践原则，为教育工作者将伟大建党精神科学而有效地融入新时代大学生马克思主义信仰教育提供参考。

一、坚持守正、力求创新的原则

我们将伟大建党精神融入新时代大学生马克思主义信仰教育，要以习近平新时代中国特色社会主义思想为指导，运用好贯穿其中的立场、观点、方法。党的二十大报告将"必须坚持守正创新"列为"六个必须坚持"中的一项重要内容，深刻体现了习近平新时代中国特色社会主义思想的世界观和方法论。

守正创新包括守正和创新两方面内容。一方面，守正是坚定立场、把准方向、守住底线。将伟大建党精神融入新时代大学生马克思主义信仰教育，是一项重要而严肃的思想政治教育工作。凡是思想政治教育工作，都必须永远把正确的政治方向放在第一位，马克思主义信仰教育工作也不例外，必须坚定政治立场、把准政治方向、守住育人底线。面对社会思潮的涌动以及受众思想多元化的现状，施教者在马克思主义信仰教育活动中必须坚持不懈地传播马克思主义科学理论，为大学生树立马克思主义信仰提供思想保证；必须将马克思主义基本原理与中国具体实际、中华优秀传统文化相结合，为大学生坚定马克思主义信仰提供现实支撑；必须将马克思主义理论与全面建设社会主义现代化国家、全面推进中华民族伟大复兴相结合，为大学生践行马克思主义信仰提供目标指引。唯有坚持守正，才能正确开展大学生马克思主义信仰教育，避免丢失正确立场、迷失政治方向、突破育人底线而犯教育领域的颠覆性错误。另一方面，创新就是在原有事物基础上开展理论创新、实践创新，为事物发展开拓新的空间、新的方法、新的路径，它是任何一项教育活动保持生机活力的源泉。大学生马克思主义信仰教育也要力求创新，使自身能够与时俱进、持续引领学生思想。面对快速发展的时代以及日新月异的技术进步，施教者将伟大建党精神融入大学生马克思主义信仰教育，不仅要善于运用伟大建党精神推动马克思主义信仰教育的理论创新，还要善于运用相关资源推动马克思主义信仰教育的实践创新；既要结合伟大建党精神坚持为学生输送马克思主义科学的世界观和方法论，也要从建党兴党实践历程中教育学生不要简单地把马克思主义看作一成不变的教条；既要继承传统有效的马克思主义信仰教育经验与方法，也要结合伟大建党精神实质内容与新时代发展条件创新马克思主义信仰教育范式。总之，坚持守正与力求创新是相互关联、相互促进的关系，该原则有利于马克思主义信仰教育活动始终运行在良性发展的轨道上，有利于保障马克思主义信仰教育基本目标的顺利达成。

二、以生为本、精准施教的原则

将伟大建党精神融入新时代大学生马克思主义信仰教育，需要遵循科学的教育规律、顺应学生成长规律，运用贴合实际的教育理念与原则实施教育活动。作为一项改造人们思想的教育活动，马克思主义信仰教育尤其忌讳机械式、流水线式地开展，施教者需要善于运用"以生为本、精准施教"原则，既从整体上把握学生思想的普遍状况，也从个体上关注每位学生思想状况的特殊情况及其差异。

一方面，以生为本就是施教者秉持"以学生为中心"的教育理念，将学生作为教育教学环节的中心，站在学生的立场和角度认真制定和实施教育活动方案，通过尊重学生、方便学生、发展学生来加强学生在学习过程中的自主性和主动性，确立和维护学生在教育活动中的主体地位。它是现代教育的基本理念，要求施教者在开展教育活动之前不仅要充分准备教育内容，还要注重教育对象，对学生的学习基础、学习体验与需求满足给予高度关注，致力于提升学生在教育活动全过程的参与感与获得感，将学生被动接受教育的局面转变到自觉学习、主动参与、渴望探索的良好状态中。另一方面，精准施教是坚持精准思维、实现精准育人的教育实践活动。它在以生为本的基础上全面而细致地落实教育实践方案，充分尊重、准确把握不同学生个体的基础差异，针对性开展具有个性化、差异化的教育策略，以此弥合不同受教者在学习效果上的差距。马克思主义信仰教育工作本质是做人的工作，始终以满足受教者的思想、信仰成长需要为立足点和根本追求，更加需要施教者精准掌握受教者的思想观念、价值取向、行为方式和精神需求，注重从信仰发展的全过程中了解和预判受教者信仰的过去、现状与未来，把握受教者信仰成长特点及其发展变化的规律，做到因人因事因情而精准施教。总之，将伟大建党精神融入新时代大学生马克思主义信仰教育，有必要把握"以生为本、精准施教"原则，深化对学生信仰成长的规律性认识和前瞻性引导，在融入内容和方式的选择上要精准对接新时代大学生的受教现状与信仰需求，聚焦重点、难点以及特殊问题分类开展精准施教，使教育过程更具亲和力和感染力。

三、理论引导、落在实践的原则

伟大建党精神是在马克思主义理论与中国工人实践运动相结合的过程中孕育而生的，中国共产党人的马克思主义信仰也是在理论探索和实践运动的循环互促过程中逐渐树立和坚定起来的。同样，将伟大建党精神融入新时代大学生马克思主义信仰教育，要善于把握"理论引导、落在实践"的原则，在马克思主义中国化的最新理论成果指导下积极开展教育实践活动，结合新的实践教育条件和环境帮助大学生树立和坚定马克思主义信仰。

一方面，要坚持运用习近平新时代中国特色社会主义思想引导这项融入式的教育探索活动。只有认识世界越深刻，改造世界才会越明显，马克思主义信仰教育活动亦如此，必须有正确的理论加以指导，才能更加深刻地引领学生思想。习近平新时代中国特色社会主义思想是马克思主义中国化的最新理论成果，是新时代中国共产党的思想旗帜，也是指导伟大建党精神融入大学生马克思主义信仰教育的强大理论工具。习近平总书记指出："好的思想政治工作应该像盐，但不能光吃盐，最好的方式是将盐溶解到各种食物中自然而然吸收。"①这个生动又贴切的比喻对我们弘扬伟大建党精神、传承马克思主义信仰给予深刻启发，要求施教者在教育过程中不能就精神而讲精神、就信仰而谈信仰，而应该善于创新开展融入式的教育活动，使大学生更易汲取精神力量、坚定信仰信念。另一方面，要结合新时代实践教育条件和环境将伟大建党精神融入大学生马克思主义信仰教育。实事求是是马克思主义的精髓，也是党百年奋斗历程的制胜法宝。将伟大建党精神融入马克思主义信仰教育活动也须实事求是，既要回眸党在不同时期的实践历程，也要扎根于当代伟大实践中，更要前瞻中国式现代化的新实践，唯有如此才能让抽象的精神信仰回归鲜活生动的现实生活中，真实彰显马克思主义信仰内蕴的现实生命力。总之，将伟大建党精神融入新时代大学生马克思主义信仰教育，需要坚持"理论引导、落在实践"原则，让大学生的马克思主义信仰形成过程既有先进的理论依据，又有可靠的现实支撑，这样才能使其信仰之路行稳致远。

四、以史化人、结合时代的原则

伟大建党精神形成于中国共产党的创立初期，发展于中国共产党的百年奋斗历程，提炼于中国共产党成立百年之际，是中国共产党的精神史诗，深刻反映了其鲜明的历史特质和时代价值。将伟大建党精神融入新时代大学生马克思主义信仰教育，要善于把握"以史化人、结合时代"的原则，让大学生知所从来、方明所往，使其从中国共产党的百年奋斗历程中感悟信仰力量，从新时代的伟大实践中筑牢信仰之基、夯实行动之源。

一方面，将伟大建党精神融入新时代大学生马克思主义信仰教育，要善于运用中国共产党百年奋斗历史经验帮助大学生树立马克思主义信仰。

---

① 人民日报评论员. 沿用好办法 改进老办法 探索新办法——三论学习贯彻习近平总书记高校思想政治工作会议讲话[N]. 人民日报，2016-12-11(1).

百年风霜雪雨，百年大浪淘沙。从人类历史长河来看，一百年不过是弹指一挥间，但就在这短暂的一百年间，中国共产党已发展为在14亿多人口的大国长期稳定执政的世界第一大党，其间经历了众多苦难与曲折、付出了巨大牺牲与奉献，却始终引领着我们走向繁荣与强盛。伟大建党精神贯穿中国共产党的百年奋斗历程，两者紧密联系、不可分割。高校在马克思主义信仰教育活动中坚持以史化人，不仅有利于大学生理解和继承伟大建党精神，而且有利于大学生在重温历史的过程中凝聚思想共识、塑造正确的信仰观，对于抵制历史虚无主义带来的信仰消解具有重要意义。另一方面，将伟大建党精神融入新时代大学生马克思主义信仰教育，要善于运用新时代中国共产党的成功实践帮助大学生筑牢马克思主义信仰之基。时代在不断进步，实践也在不断发展。党的十八大以来，以习近平同志为核心的党中央提出一系列治国理政新理念、新思想、新战略，着力推进高质量发展、构建新发展格局，实现了小康梦想，取得了马克思主义中国化时代化的新飞跃。这些成功实践承载着当代中国共产党人对马克思主义信仰的忠诚奉行，是新时代大学生耳闻目睹的，且伴随他们的青春成长过程，也是高校在开展马克思主义信仰教育过程中可利用的优质资源。总之，将伟大建党精神融入新时代大学生马克思主义信仰教育需要坚持"以史化人、结合时代"的原则，增强大学生的历史纵深感和时代使命感，让其在历史和时代的激荡中迸发出崇高信仰。

第二节　伟大建党精神融入大学生马克思主义信仰教育的实践路径

　　伟大建党精神饱含中国共产党人对马克思主义矢志不渝的信仰，昭示着中国共产党人的初心和使命，是马克思主义信仰教育的宝贵精神资源。前文通过对大学生马克思主义信仰教育的现状调查与问题分析，夯实了将伟大建党精神全面融入新时代大学生马克思主义信仰教育的价值逻辑、内容体系以及实践原则，为高校深入开展融入实践工作打下了理论基础。加强新时代大学生马克思主义信仰教育是我国思想政治教育的核心课题，也是一项较为复杂的系统工程，必须坚持系统思维，注重发挥协同效应。为此，高校应立足新时代新征程，以习近平新时代中国特色社会主义思想为指导，落实立德树人根本任务，坚持践行"三全育人"理念，从学生党建工作、课堂教学、校园文化建设、社会实践活动、互联网新媒体、师资队伍建设等方面探索构建全方位的融入路径体系，综合提升新时代大学生马克思主义信仰教育实效，培养有信仰、有追求、有担当的时代新人。

一、以学生党建工作为引领，强化融入主动性

习近平总书记在全国教育大会上指出："加强党对教育工作的全面领导，是办好教育的根本保证。"[①]高校要做好大学生马克思主义信仰教育工作，必须加强党的全面领导、重视学生党建工作。高校学生党建工作是党的建设新的伟大工程的重要组成部分，是办好新时代中国特色社会主义大学的根本保证，也是高校培育青年马克思主义者的重要保障。以学生党建工作为引领，不断加强学生党建内容与马克思主义信仰教育的互动性，促进党建与育人的同频共振，是实现伟大建党精神有效融入马克思主义信仰教育的首要路径，有利于强化施教者和受教者在融入教育活动中的主动性、自觉性，这主要体现在三个方面。

首先，以学生党建工作为引领，就是发挥党组织在融入工作中的领导力量。习近平总书记指出："党的全面领导、党的全部工作要靠党的坚强组织体系去实现。"[②]将伟大建党精神融入大学生马克思主义信仰教育既是一项育人工作，也是一项政治工作，必须依靠党在高校建立的坚强组织体系实现。同时，伟大建党精神不仅是建立党的精神，还是建设党的精神，始终在我们党的百年建设历程中薪火相传，将其发扬光大、融入大学生马克思主义信仰教育工作也是高校党建工作者责无旁贷的使命。作为我们党

---

① 习近平.坚持中国特色社会主义教育发展道路 培养德智体美劳全面发展的社会主义建设者和接班人[EB/OL].（2018-09-10）[2023-12-01]. http://www.moe.gov.cn/jyb_xwfb/s6052/moe_838/201809/t20180910_348145.html? tdsourcetag=s_pctim_aiomsg.

② 习近平.在全国组织工作会议上的讲话[M].北京：人民出版社，2018：11.

基层组织体系的重要组成部分，高校党组织是实现党对高校领导、培养社会主义事业建设者和接班人的政治保证和组织保证，其通过日常学生党建工作在高校落实立德树人根本任务中发挥着领导核心作用。以学生党建工作为引领，就是充分发挥党组织在融入工作中的领导力量，强化基层党支部的战斗堡垒作用，改进和完善学生党员培养模式、内容和方法，率先将伟大建党精神融入大学生入党积极分子和党员的信仰教育活动中，引导学生党员践行伟大建党精神、树立坚定的马克思主义信仰，为学校的整体融入工作把方向、管大局、保落实。

其次，以学生党建工作为引领，就是强化广大高校党员在融入工作中的带头作用。党员是党肌体的细胞，是党行为的主体，其作用的发挥关系着马克思主义信仰教育工作的现状和前景。高校党员接受了较为系统的马克思主义信仰教育，具有较高的思想觉悟和较好的党性修养，不仅是高校中的先进分子，而且是学校党组织与青年学生联系的紧密桥梁与纽带，是推动落实学校党组织各项工作任务的可靠力量。在实际工作中，高校党员肩负的责任和使命决定了其具有多重身份，既是受教者，也是组织者、施教者和志愿者，在马克思主义信仰教育活动中发挥着举足轻重的作用。在融入过程中，我们坚持以学生党建工作为引领，就是发挥高校广大党员在日常学习和生活中的"朋辈引领"作用，强化优秀党员的先锋模范作用，既让党员带头学习伟大建党精神、示范践行马克思主义信仰，也通过党员的影响力在大学生群体中弘扬伟大建党精神，发挥党员的凝聚力以组织开展信仰教育活动，依靠党员的执行力以推动融入工作落实落细，使党员在完善自身主观世界和影响他人主观世界的过程中良性互动、共同提升，以更好地继承伟大建党精神、适应新时代大学生马克思主义信仰教育工作的发展需要。

最后，以学生党建工作为引领，就是调动广大学生在融入工作中的参与积极性。当前，大学生的入党意愿较为高涨，多数学生在思想和行动上积极向党组织靠拢，具有加入中国共产党的美好愿望，希望能够跟随党组织获得更多的教育和帮助，也愿意热情参与到党组织开展的各项活动中。而学生党建工作的重要内容之一就是在学生群体中扩大入党积极分子队伍、积极培养和发展新党员，持续为党输送新鲜血液、着力锻造先锋队伍，从组织上保障党的伟大事业后继有人。这项神圣的工作使命使高校基层党组织更加善于调动广大学生参与相关活动的积极性，有利于更好地将伟大建党精神融入大学生马克思主义信仰教育。在融入过程中，要坚持以学生党建工作为引领，可以通过密切互动的党群关系深入了解新时代大学生的精神需求、思想困惑和现实矛盾，发挥党组织强大的号召力、凝聚力和影响力，充分调动大学生在信仰教育活动中的参与积极性，通过入党积极分子培养、预备党员教育、党员学习教育等环节有计划、有步骤地向学生讲述中国共产党的百年奋斗实践、弘扬伟大建党精神，引导广大学生从伟大建党精神中感悟中国共产党的性质宗旨、深刻理解马克思主义信仰，让学生积极、有效地参与到融入教育活动中。

二、以高校思政课为主渠道，提升融入专业性

思政课一直是我国高校贯彻社会主义办学方向、落实立德树人根本任务的关键课程，也是开展大学生马克思主义信仰教育的主渠道、主阵地。它从马克思主义理论专业视角，通过系统化、常态化、深入性的课堂教学向学生传授马克思主义的基本理论及其最新成果，可以引导学生领悟马克思主义信仰的本质内容和价值逻辑，进而帮助大学生逐渐树立和践行马克思主义信仰，具有培根铸魂、启智润心的育人效用。在新时代，高校将伟大建党精神融入马克思主义信仰教育要充分发挥思政课的主渠道、主阵地作用，利用课堂教学政治性与学理性相统一的优势提升融入工作的专业化水平，这对于深入弘扬伟大建党精神、培育新时代青年马克思主义者具有重要意义。

首先，加强伟大建党精神的阐释研究，找准其融入思政课教学的切入点。党的二十大将弘扬伟大建党精神写进大会主题并载入党章，赋予了新时代高校阐释与研究、继承与发扬伟大建党精神的有利契机和重要使命。高校将伟大建党精神融入马克思主义信仰教育，必须紧扣立德树人根本任务，发挥智力资源集聚优势，不断深化伟大建党精神的阐释与研究工作，在党的创新理论以及新征程的中心任务中深刻把握伟大建党精神的内涵实质、理论逻辑和时代意蕴，找准伟大建党精神内涵与思政课程内容体系之

间的知识连接点，针对性地将其融入思政课教学。当前，我国高校思政课主要包括"思想道德与法治""中国近现代史纲要""毛泽东思想和中国特色社会主义理论体系概论""马克思主义基本原理""习近平新时代中国特色社会主义思想概论""形势与政策"六门课程，这些课程既是具有共同育人目标、紧密关联的有机整体，又在内容上各有侧重、各具特点，能够从不同角度、不同层面与伟大建党精神内涵相互契合。例如：思政课教师在讲授"思想道德与法治"课程的"追求远大理想、坚定崇高信念"的内容时，可以将伟大建党精神的"坚持真理、坚守理想"融入其中；在"中国近现代史纲要"课程教学中，可以通过讲授中国共产党的百年奋斗史让学生深刻理解和把握以伟大建党精神为源头的中国共产党人精神谱系；在"毛泽东思想和中国特色社会主义理论体系概论"课程教学中，可以让学生在马克思主义中国化进程中探寻伟大建党精神的实践基础；"马克思主义基本原理"课程的理论性较强，在教学过程中可以向学生讲述中国共产党及其伟大建党精神是如何在马克思主义真理的指导下孕育而生的；在"习近平新时代中国特色社会主义思想概论"课程教学中，可以通过解读"两个一百年"奋斗目标和中华民族伟大复兴的中国梦让学生领悟中国共产党"践行初心、担当使命"的深刻内涵和时代意义；在"形势与政策"课程教学中，可以通过讲授国内国际政治经济形势让学生感悟伟大建党精神在意识形态斗争中的关键作用。总之，找准伟大建党精神融入高校各门思政课教学的切入点是有效实现大学生马克思主义信仰教育目标的重要前提。

其次，共建共享伟大建党精神教学资源库，丰富其融入思政课教学的内容设计。为了提升伟大建党精神融入思政课教学的效率和质量，让教师快捷获取丰富而优质的内容素材，推动共建共享的伟大建党精神教学资源库是一项必要工作。在学校层面，重在做好构建伟大建党精神教学资源库的整体实施计划与方案，将学校相关教学机构与职能部门的力量整合在一起，分工协作、整体推进线上与线下相结合的教学资源库建设；联通校内外资源，积极主动地与地方博物馆、文化馆等部门以及故居旧址、革命遗迹等管理机构建立交流合作关系，拓展更多途径将伟大建党精神资源引进教学资源库。在学院或者教研室层面，重在通过建立明确细化的目标导向、形成行之有效的激励机制来将教研团队拧成一股合力。例如，以打造精品课程、建设一流本科课程等为目标导向，使传统文化教学资源库建设工作与教学奖励、职称考核等利益挂钩，激励教师更好地投入教学资源库的建设中。对于教师个人层面，应强化团队协作意识和创新意识，提高利用现代教育技术的能力，以工匠精神推动伟大建党精神教学资源库的共建共享。

最后，以"八个统一"为根本遵循，构建立体化的教学融入模式。在2019年学校思想政治理论课教师座谈会上，习近平总书记对新时代思政课建设提出了"八个统一"的具体要求。"八个统一"既深刻总结了思政课建设长期以来获得的共性规律与实践经验，也是新时代思政课改革创新的根本遵循。我们要充分发挥思政课在将伟大建党精神融入马克思主义信仰教育过程中的主渠道、主阵地作用，也要以"八个统一"为根本遵循，构建立体化的教学模式，全方位推进伟大建党精神融入思政课堂教学、实践教学与网络教学。在课堂教学方面，围绕教学重点、难点和学生关注的热点，将伟大建党精神的丰富内容灵活运用于教学过程，坚持做到政治性和学理性相统一、价值性和知识性相统一、建设性和批判性相统一、灌输性和启发性相统一。在实践教学方面，教师要坚持发挥主导作用，精心设计相应的实践教学方案，结合教学重点内容充分挖掘高度契合的伟大建党精神资源，逐步形成较为稳定、具有示范意义的实践教学模式，同时赋予学生在实践教学中的主体地位，以体验式、任务型等活动方式让学生充分参与到实践教学中，从而实现理论性和实践性相统一、主导性和主体性相统一。在网络教学方面，要加强弘扬伟大建党精神的线上平台建设与管理，侧重将统一性和多样性相统一、显性教育和隐性教育相统一作为方法遵循，增加教学过程的自由度和交互性，推动完善立体化的教学融入模式。

三、以校园文化建设为载体，优化融入氛围感

文化是一种柔软的力量，对人们价值观的形成、成长具有重要的推动意义。校园是大学生学习和生活的主要场所，其文化氛围对学生成长的影响不可忽视。校园文化既是全校的精神家园，也是信仰教育的重要组成部分，能够在无形中统摄全体师生的思想和灵魂，也能够春风化雨、润物无

声地感染人、影响人、培育人，是高校弘扬伟大建党精神、开展大学生马克思主义信仰教育的重要途径和载体。将伟大建党精神融入大学生马克思主义信仰教育，施教者要善于利用校园文化建设来提升融入工作的氛围感，让学生在校园学习、生活和娱乐中潜移默化地接受伟大建党精神的浸润和熏陶。具体而言，我们可以从校园物质文化、精神文化和制度文化等方面提高伟大建党精神在校园文化建设中的存在感，为开展马克思主义信仰教育创造良好氛围。

首先，用伟大建党精神元素建设校园物质文化。作为校园文化建设的组成部分，校园物质文化是校园文化的空间物态形式，可以通过一定的物质传递有价值的内容，能够从物质上体现学校的办学理念和育人目标。它主要包括校园环境文化和设施文化，是学生日常能够直接感受的文化类型，具有一定的育人效应。当前很多大学校园具有规模较大的校园建筑、美丽的校容校貌和先进的教学设施等，但是也有相当一部分大学校园存在"有物质外形而缺文化内涵"的问题，即没有充分利用学校的物质载体传递学校教育教学所需的文化精神内涵，使学校育人氛围显得不是很浓厚、相关育人效应有待提升。我国高校在中国共产党的关怀下发展壮大，在获得时代赋予的可观物质红利的同时，也理应积极运用伟大建党精神元素营造具有社会主义性质的物质文化，为培育社会主义建设者和接班人发挥应有的作用。例如，结合学校的标志性建筑以及人流量多的区域，在学校雕塑、主题广场、教学楼、公寓楼等各类场所嵌入伟大建党精神的相关元素，以简短精妙的形式展现伟大建党精神的核心内涵，使大学生行走在校园里能够经常感受到伟大建党精神的熏陶和浸染；可以在图书馆设置伟大建党精神读物专区，提供丰富的相关文献供广大学生阅览，为他们深入了解和研究伟大建党精神提供物质保障。

其次，用伟大建党精神元素提升校园精神文化。校园精神文化是校园文化建设的核心内容，能够集中展现一所学校的办学宗旨、教育理念、价值观念和精神风貌等，属于校园文化的高级层次，是学校产生凝聚力、向心力和生命力的精神场域。健康向上、蕴含深刻、繁荣发展的校园精神文化能够深入影响和塑造学生的思想情感、信仰信念，对帮助学生的精神成长具有重要意义。以伟大建党精神引领校园精神文化建设，既符合高校落实立德树人根本任务的现实需要，也是加强和改进新时代大学生马克思主义信仰教育的重要渠道。一方面，可以通过校园各类文化娱乐活动弘扬伟大建党精神。中国共产党在百年奋斗历程中涌现出很多英雄人物和感人事迹，学校可以结合自身的文化特色和办学理念充分挖掘相关的典型题材，并借助音乐、舞蹈、话剧、诗歌等大学生喜闻乐见的形式表现出来，将伟大建党精神元素与学生文化娱乐活动相融合，提升校园精神文化的内在品质和育人功能，推动实现寓教于乐，让学生在文化娱乐活动中感悟中国共产党的精神之源。另一方面，可以通过组织系列专题讲座弘扬伟大建党精神。以重大纪念日为契机，邀请经历过重大历史事件的革命前辈或者亲属、优秀共产党员、相关知名专家学者等为大学生讲述中国共产党的故事，并设立互动问答环节为学生解疑释惑，把丰富多彩的精神大餐送到学生心坎上，让大学生近距离接受伟大建党精神的熏陶，增强马克思主义信仰。

最后，用伟大建党精神元素健全校园制度文化。校园制度文化是校园文化的重要组成部分，是指在学校规章制度、管理条例等基础上形成的一种自觉的价值守则和行为规范，它不仅可以维系学校的正常运转秩序，而且是校园文化建设与发展的保障系统。运用伟大建党精神元素健全校园制度文化，就是要把伟大建党精神的基本内涵落实到具体规章制度中，体现在立德树人的教育教学活动中。一是学校要将"坚持真理、坚守理想"融入校园制度文化，在学校体制机制建设和改革中始终坚持马克思主义指导地位、坚持社会主义办学方向，增强全面贯彻新时代党的教育方针、坚定正确教育方向的自觉性和坚定性。二是学校要将"践行初心、担当使命"融入校园制度文化，在教育教学过程中坚守教育初心、恪守教育使命，紧紧围绕"立德树人"这一新时代教育根本任务为实现中华民族伟大复兴培养合格人才。三是学校要将"不怕牺牲、英勇斗争"融入校园制度文化，促使学校加强和改进作风建设，形成干事创业、奋发有为、迎难而上的良好氛围。四是学校要将"对党忠诚、不负人民"融入校园制度文化，在教育教学工作中忠诚于党的信仰、党的组织、党的理论和路线方针政策，致力于办人民满意的大学，引导教育工作者坚持立场、服务学生，努力把人民至上的信念镌刻在学生的心田，培养学生的人民立场和人民情怀。

四、以社会实践活动为平台，提升融入创新性

"道虽迩，不行不至。"习近平总书记在北京大学师生座谈会上的讲话中明确指出："不论学习还是工作，都要面向实际、深入实践，实践出真知。"①伟大建党精神是中国共产党建党实践的产物，其因实践而生，也因实践而发展。实践活动是促进学生理解伟大建党精神、树立马克思主义信仰的加速器。将伟大建党精神融入马克思主义信仰教育，仅依靠单一的理论渠道或者校园活动难以有效融入伟大建党精神的深邃意蕴和实践特征，也难以让学生完成对马克思主义信仰的外化。因此，高校应积极挖掘和善用红色资源拓展社会实践渠道，创新马克思主义信仰教育活动，让学生在形式多样的实践体验中体悟伟大建党精神，增进对马克思主义信仰的思想认同和行为认同。

首先，依托红色教育基地开展社会实践活动。出于社会主义革命和建设的需要，中国共产党人在长期的历史实践中于全国各地留下了为民族谋复兴、为人民谋福利的奋斗印记，形成了许多难以磨灭的历史遗址遗迹和相关文物。通过对这些遗址遗迹和相关文物的保护、修复和利用，各地盘活了身边红色家底并建立了具有历史意义和地方特色的红色教育基地。这些红色教育基地依靠红色资源，以实物、实景、实例、实事为载体开展了形式多样的实践教育活动，可以让参与者在与历史事件、革命先烈和先进人物的时空对话中深入认识以伟大建党精神为源头的中国共产党人精神谱系，有助于人们不断进行触及思想、深入灵魂的反思与感悟。为此，高校要尽可能地将这些具有丰富红色资源和精神教育意义的基地充分利用起来，挖掘其中所贯穿的伟大建党精神，将其作为开展马克思主义信仰教育活动的重要平台。一方面，高校可以在思政课教学中利用这些教育基地创新开展丰富多彩的实践教学活动，使学生在理论学习、实践活动与历史探源的相互贯通中理解中国共产党人的精神之源和信仰之路。另一方面，高校还可以与红色教育基地签署合作协议共同推进红色文化育人工程，以沉

---

① 习近平. 在北京大学师生座谈会上的讲话[N]. 人民日报，2018-05-03(2).

浸式学习、文旅结合等方式向学生传递中国共产党的故事，持续开展以伟大建党精神为主题的学生活动，助力学生在实践体验中树立和坚定马克思主义信仰。

其次，依托专业行业资源开展社会实践活动。不同专业的大学生，学习不同的专业知识和技能，逐渐具备不一样的专业优势和行业资源。每个行业都是国家经济社会体系的组成部分，在各自深耕领域发挥着应有的作用，为中国特色社会主义建设和中华民族伟大复兴贡献着独特的力量。高校将伟大建党精神融入马克思主义信仰教育活动，不能忽视学生的学科专业特点空谈信仰，而需要重视挖掘来自不同专业和行业的典型思政元素，依托蕴含在各行各业的思想政治资源开展相关社会实践活动，让学生在自身专业学习与实践中点亮马克思主义信仰之光。一方面，高校要深化教育教学改革，全面推进课程思政建设，挖掘和利用各类课程思想政治要素开展相关实践教学活动，将伟大建党精神内涵以及马克思主义的立场、观点和方法通过自然、隐性的方式渗透到实践教学中。例如，对于航空制造类专业的学生，教师在实践教学中可以讲述中国共产党在成立初期对航空事业的高瞻远瞩和谋篇布局，或者将党在革命战争时期的知名历史事件穿插进实践教学中，让学生从党的第一架飞机、第一名飞行员、第一所航校以及第一座机场中体悟伟大建党精神、增强马克思主义信仰。另一方面，学校要积极给学生争取优质的实习实践机会，鼓励学生在行业实践中向身边的优秀共产党员、劳动模范等行业翘楚学习，认真学习他们在工作中展现出来的坚守理想、践行初心、担当使命等优秀品质，从他们身上汲取信仰力量。

最后，依托红色社团组织开展社会实践活动。红色社团是学校内以马克思主义理论为指导，学习和宣传主流思想的学习型团体，是以大学生为主体的自发、自治型组织，也是弘扬伟大建党精神、赓续红色基因、传递马克思主义信仰的重要阵地。一方面，依托红色社团引领学生深入社会基层开展实践活动。建议学生工作部门制定相关实践方案，安排辅导员指导红色社团定期开展社会基层实践活动，让学生自发组织起来，有计划地深入社会基层、主动融入具体社会公益项目，例如，鼓励学生走进社区、乡村、慈善机构、企业等从事志愿服务，在社会基层触摸时代发展脉搏，赴一线感受社会民生温度，同时将党的理论和惠民政策传递到基层，在积极参与、躬身实践中观察新时代的伟大变化，在感悟思想伟力中深学笃行中国共产党的伟大信仰。另一方面，依托红色社团开展红色研学活动。学校可以依托红色社团开展寓教于游的红色研学活动，将学习中国共产党建党、兴党、强党实践作为研学任务，鼓励学生充分发挥主观能动性，运用走访、座谈、研讨等方式开展历史调查和实践创新活动，在寻访老党员、老战士、英雄模范人物等过程中深入探究中国社会主义革命、建设和改革进程的诸多历史事件，从真实鲜活的历史场景中了解中国共产党为了民族独立、人民解放和实现国家富强、人民幸福而不懈奋斗的历程和所付出的巨大牺牲，使学生在红色研学活动中拓宽认知视野、汲取精神力量。

五、以互联网新媒体为窗口，推动融入多元性

随着互联网的高速发展以及新媒体的广泛应用，高度开放的网络空间正在以大数据、智能化的信息推送与传播方式深刻影响大学生的思想意识、价值判断和行为方式。网络空间不仅是当代大学生日常学习、生活和成长的重要环境，而且越来越成为意识形态领域激烈争夺的角逐场，同时为新时代高校落实立德树人根本任务提供了崭新的渠道资源。高校弘扬伟大建党精神、推进信仰教育工作必须及时、充分利用好互联网新媒体这样一个前沿窗口，促使伟大建党精神以更加多元化的方式融入大学生马克思主义信仰教育，为大学生树立和坚定马克思主义信仰提供创新路径。

首先，借助互联网新媒体的力量打造"互联网+伟大建党精神教学"。随着互联网技术与教育教学的深度融合，传统授课模式已不能适应现代教学的需要，网络平台凭借快捷性、扩展性和交互性等优势逐渐成为课堂教学的延伸教室。高校应借助互联网新媒体的力量积极推进"互联网+伟大建党精神教学"，提升伟大建党精神的网络传播力和影响力。高校可以探索打造关于伟大建党精神的在线学习平台，既为教师延伸线下课堂、探索线上课堂提供便捷的渠道和优质的平台，也为广大学生学习和理解伟大建党精神提供多元化的教育教学资源，让学生只需点击鼠标和滑动指尖就可以轻松浏览百年党史、学习优秀党员事迹、倾听对党的真情告白，实现伟大建党精神融入大学生马克思主义信仰教育的信息化、便捷化。例如，近年

来国家开放大学将技术优势与党建工作相结合，打造了在线学习平台"党史云课堂"，设置重要论述、专家讲堂、百年党史、学史力行、学习体会、精彩图集等版块内容，有效整合了视频讲座、微课程和在线实践活动等学习资源，既可以让学生集中时间系统性地深入学习中共党史，也可以使学生随时随地利用碎片时间开展业余学习，还可以借助 VR 技术在虚拟实景中去历史事件发生地、与历史人物对话，为信仰教育的学习资源形态注入新动能，很好地提升了学生学习的积极性和教育教学的覆盖率。

其次，借助互联网新媒体平台推送弘扬伟大建党精神的优质内容。互联网技术的高速发展催生了各种各样的社交媒体，如微博、微信、短视频平台等，这些新媒体覆盖面之广有超过传统媒体的势头。它们在给学生带来广泛社交空间的同时，也容易将良莠不齐的复杂信息传递给学生。为此，高校必须清醒认识到层出不穷的新媒体对主流意识形态话语权所带来的冲击，在教育过程中要注重抢占网络舆论阵地、牢牢把握学生意识形态工作的主动权，借助大学生日常生活广泛使用的新媒体弘扬伟大建党精神、开展马克思主义信仰教育，让正确的、积极向上的价值观深入大学生日常的社交生活、引领大学生成长。高校要突破固有宣传工作模式，在学生经常使用的社交媒体上建立属于自己的宣传阵地，在宣传过程中不仅要坚持正确的政治方向，还应充分研究新媒体思维以及新时代大学生的信息需求、表达需求，通过紧扣内容创新这条主线深挖时代感强、易被接受和传播的鲜活内容，运用与时俱进、别开生面的方式不断创新话语表达方式，注重将"陈情"与"说理"相结合，把"自己讲"和"别人讲"相结合，以新时代大学生喜闻乐见的方式制作、推送关于伟大建党精神的优质内容，运用生动有趣的话语弘扬和阐释伟大建党精神，使伟大建党精神的宣传活动在新媒体上广受学生欢迎和喜爱。

最后，借助互联网新媒体批判大学生身边的错误思潮。近年来，随着国际形势的日趋复杂以及经济全球化的发展，社会主义与资本主义的现实较量呈现出新形式和新手段，主要表现为两种意识形态在较为隐蔽的网络战线上展开了激烈斗争，各种非马克思主义思潮乃至反马克思主义思潮借助多元化主体、低门槛运营的互联网新媒体滋长蔓延，通过捏造历史、断章取义、偷换概念等方式削弱马克思主义在我国的根本指导思想地位、弱化大学生马克思主义信仰。高校在借助网络新媒体将伟大建党精神融入马克思主义信仰教育的过程中要坚持建设性和批判性相统一，不仅要从正面宣传伟大建党精神，还要将围绕在大学生周边的相关错误思潮作为反面教材进行批驳。例如，对待当前负面影响较为广泛的历史虚无主义，高校在教育教学活动中要充分利用互联网新媒体向广大学生展示不容置疑的史料史实，以科学严谨、实事求是的态度还原党和国家的真实历史面貌，善于用马克思主义立场、观点和方法对相关歪曲言论进行有力反驳，彻底暴露其背后的不良用心和政治意图，让青年大学生对历史虚无主义有清醒的认识和较强的辨别能力，从思想源头上避免学生被其相关言论利用和误导。

六、以师资队伍建设为保障，实现融入内生性

习近平总书记非常关心和重视思想政治教育工作队伍的建设问题，多次对思想政治教育工作者的思想素质提出要求。在 2020 年主持召开学校思想政治理论课教师座谈会上，习近平总书记进一步指出："让有信仰的人讲信仰。"①这不仅是对思想政治理论课教师的要求，还是对马克思主义信仰教育施教者的要求。只有讲信仰的人自己有信仰，才能自发、真诚地讲信仰，才能讲得让人信服、做得让人佩服，使看似抽象的信仰实现人格化、形象化，让受教者更好地理解信仰、形成信仰、坚定信仰。② 因此，高校将伟大建党精神融入马克思主义信仰教育，要重视培养和造就一支师德高尚、业务精良的师资队伍，增强融入工作的内生性。

第一，坚持师德师风第一标准，建立师德考核机制。高校专任教师和辅导员是大学生马克思主义信仰教育的一线工作者，是全面推进伟大建党精神融入大学生马克思主义信仰教育的主力军。作为信仰教育的施教者，他们不仅传授知识，还重在影响和感化受教者的心灵，引导受教者选择和确立科学的信仰。言教固然重要，但身教胜于言教，施教者自身的师德师

---

① 习近平. 习近平谈治国理政(第三卷)［M］. 北京：外文出版社，2020：330.
② 刘建军. 让有信仰的人讲信仰——深入学习〈习近平谈治国理政〉第三卷［EB/OL］. (2020-08-13)［2024-01-16］. http://news.cyol.com/content/2020/08/13/content_18733983.htm.

风表现直接关系伟大建党精神在高校的弘扬与继承效果，也直接关系信仰教育工作的质量。近年来，广大高校教师与辅导员的师德师风状况在总体上是好的，思想政治素质和道德品质不断提升，但是也存在个别教师思想觉悟不够高、政治立场不够坚定、理想信念有所动摇的情况，在一定程度上放松了教书育人的责任感和使命感，导致师德失范事件偶有发生，其中一些事件甚至还造成了较为恶劣的社会影响和后果。为此，高校要坚持师德师风第一标准，健全师德师风的评价标准，建立相关约束和惩罚机制，将师德师风建设作为学校常抓不懈的一项重要工作。高校坚持师德师风第一标准、建立师德考核机制应重在实现自律与他律相结合。一方面，要加强专任教师与辅导员的思想政治工作，注重价值引领和师德至上，加强纪律教育。认真落实定期政治理论学习制度，用马克思主义中国化时代化的最新成果引领师德师风教育，不断创新政治理论学习方式、改进师德师风建设方式，引导专任教师和辅导员明确自身的思想政治方向，把握党和国家对教育工作者提出的要求，增强他们的理论自觉性、政治自觉性与信仰自觉性。同时，要加强对专任教师和辅导员的人文关怀，强化其权益保护，推动解决教师实际问题，让其感受到党对教育工作者的重视与关心，增强教师的职业幸福感和获得感。另一方面，在学校规章制度中明确"师德红线"，加强师德师风建设过程管理。学校要在职业准入查询、职务（职称）评审、岗位聘用、评优奖励等重要环节落实师德失范"一票否决"制度，同时建立健全师德建设年度评议、督导、师德状况调研、师德重大问题报告和师德舆情快速反应制度，构建学校、教师、学生和社会多方参与的公开、公平、公正的师德监督和评价体系。

第二，健全业务培训机制，提升施教者的业务能力。将伟大建党精神融入大学生马克思主义信仰教育，既要求施教者具有较为扎实的马克思主义理论功底和较为丰富的党史知识，也要求施教者具备在实践中因事而化、因时而进、因势而新的教育教学能力，这给施教者的基本业务素质和能力带来较为复杂的挑战。作为施教者的主力军，专任教师和辅导员具有不同的专业背景和教育经历，相关业务水平参差不齐，有些理论基础较为薄弱，有些实践经验较为缺乏，造成实际教育质量存在一定的波动性，难以形成较为稳定的合力。只有教育者首先接受教育，才能跟上现代教育发展的步伐。学校应当紧密结合信仰教育工作过程中的实际需要与问题，加强对相关教师和辅导员的业务培训工作，通过岗前培训、岗上培训、学历教育以及不定期的考察交流等方式为他们提供业务培训的平台与机会，业务培训涉及的内容以马克思主义理论、党史党建、思想政治教育、心理学、现代教育信息技术等为主，让施教者领悟伟大建党精神的内涵与外延、把握信仰教育的基本原则与规律、善于利用信息技术创新教育方式方法。首先，扎实推进相关教师和辅导员的党史学习教育，不断提升马克思主义理论素养。通过集中学习、专题研学等方式让他们从更高站位、更深层次理解中国共产党的百年奋斗脉络和重大事件，将"学党史"和"悟思想"贯通起来，既深刻理解伟大建党精神的内涵与外延，也夯实马克思主义理论功底。其次，提升相关教师和辅导员的信仰教育实践水平。信仰教育是与人的心灵打交道的工作，学校要加强相关业务能力的培训工作，让相关教师和辅导员掌握信仰教育工作的基本规律，注重提升他们与学生沟通互动的能力，提高他们运用科学教育教学方法解决学生信仰问题的实践水平。最后，学校要帮助相关教师和辅导员树立现代教育思想和理念，提升他们的信息化教育教学能力，包括信息化学情分析能力、信息化教育教学组织与管理能力、信息化教育教学评估与反馈能力等，让他们善于利用信息技术手段弘扬伟大建党精神、开展马克思主义信仰教育工作，促进自身育人能力与信息技术相结合。

附　录

附录一　新时代大学生马克思主义信仰教育状况调查问卷(学生卷)*

亲爱的同学:

您好! 为了对大学生马克思主义信仰教育现状进行研究,笔者设计了这份问卷。此问卷仅作为学术资料分析使用,请您仔细阅读每个问题,并根据您的真实情况与真实想法回答问卷中的所有问题。此次调查采用匿名方式,对资料填写的内容绝对保密,敬请放心! 选题若无特定要求,请均在相应选项上打"√"。

衷心感谢您对本次调查的大力支持!

A. 个人基本情况

A01. 您的性别:

(1)男　　　　　(2)女

A02. 您的出生时间:

(1)2005 年之前　　(2)2005 年及之后

---

* 此问卷在参考李建国(2019)编制的问卷基础上修订完善而成。

A03. 您的民族：

　　(1)汉族　　　　　　(2)少数民族

A04. 您的户籍类别：

　　(1)城市　　　　　　(2)乡镇　　　　　　(3)农村

A05. 您就读的大学位于我国：

　　(1)东部　　　　　　(2)中部　　　　　　(3)西部

A06. 您的政治面貌：

　　(1)中共党员　　　　(2)预备党员　　　　(3)共青团员

　　(4)群众

A07. 您父亲的政治面貌：

　　(1)中共党员　　　　(2)民主党派成员　　(3)群众

A08. 您母亲的政治面貌：

　　(1)中共党员　　　　(2)民主党派成员　　(3)群众

A09. 您父亲的信仰：

　　(1)马克思主义　　　(2)佛教、基督教等宗教

　　(3)金钱　　　　　　(4)职务权力

　　(5)享乐　　　　　　(6)其他

A10. 您母亲的信仰：

　　(1)马克思主义　　　(2)佛教、基督教等宗教

　　(3)金钱　　　　　　(4)职务权力

　　(5)享乐　　　　　　(6)其他

A11. 您的学校属于：

　　(1)"双一流"大学　　(2)普通本科院校　　(3)高职高专院校

A12. 您的年级：

　　(1)一年级　　　　　(2)二年级　　　　　(3)三年级

　　(4)四年级

A13. 您目前的专业：

　　(1)理工科类　　　　(2)文史类　　　　　(3)艺体类及其他

A14. 您是否在学生会或班上担任(过)一定的职务：

　　(1)担任　　　　　　(2)没担任

B. 对马克思主义的认知状况

序号	问题	非常了解	基本了解	不确定	基本不了解	非常不了解
B01	马克思主义是由马克思和恩格斯创立并为后继者所不断发展的科学理论体系					
B02	对立统一规律是唯物辩证法的实质和核心，揭示了事物变化发展的内在动力					
B03	评价一个人时，既要看到他的优点，也要看到他的缺点					
B04	事物的运动变化，总是先从微小的、不显著的变化开始，经过逐步积累而发生显著的、根本性的变化					
B05	事物发展是前进性和曲折性的统一					
B06	"为了学游泳，就得下水"说明了认识只有在实践中，在主体和客体的相互作用中才能完成					
B07	"路遥知马力，日久见人心"，其哲学寓意为实践是检验真理的唯一标准					
B08	人民群众是历史的创造者					
B09	俗语"一把钥匙开一把锁"说明了具体问题具体分析的哲学观点					
B10	剩余价值论是无产阶级反对资产阶级、揭示资本主义制度剥削本质的锐利武器					
B11	资本主义政治制度本质上是为资产阶级利益服务的					
B12	中国共产党是以马克思主义理论为指导的政党					
B13	毛泽东思想与中国特色社会主义理论是马克思主义理论与中国实践相结合的产物					
B14	习近平新时代中国特色社会主义思想是当代中国马克思主义、21 世纪马克思主义，实现了马克思主义中国化新的飞跃					
B15	坚持以人民为中心，是习近平新时代中国特色社会主义思想的重要内容					
B16	坚持一个中国的原则是"和平统一、一国两制"的核心					
B17	富强、民主、文明、和谐、自由、平等、公正、法治、爱国、敬业、诚信、友善是社会主义核心价值观的主要内容					
B18	党的二十大明确，从现在起，中国共产党的中心任务就是团结带领全国各族人民全面建成社会主义现代化强国、实现第二个百年奋斗目标，以中国式现代化全面推进中华民族伟大复兴					

C. 对马克思主义的信念状况

序号	问题	非常同意	基本同意	不确定	基本不同意	非常不同意
C01	马克思主义既是科学理论，也是一种信仰					
C02	思想政治理论课有利于我树立马克思主义信仰					
C03	党史学习教育让我感悟到马克思主义的真理力量和实践力量					
C04	我能津津有味地听老师讲马克思主义理论和马克思主义中国化的相关知识					
C05	马克思主义是科学的世界观和方法论，这是我学习马克思主义理论的动力					
C06	马克思认为世界的本原是物质的，我觉得这是一个客观真理					
C07	"牵牛要牵牛鼻子"这个俗语反映了我们做事要善于抓住主要矛盾。对此，我是比较赞同的					
C08	马克思主义关于资本主义经济关系的揭示是科学的					
C09	我向往马克思所描述的共产主义社会					
C10	人类历史的发展不断地实现着人的自由和解放，我愿意把马克思主义作为自己的理想信念					
C11	我周围有的同学不相信马克思主义理论，这对我影响不大					
C12	马克思主义引领我们的生活越来越好					
C13	必须坚持马克思主义在我国意识形态领域的指导地位					
C14	我会把马克思主义理论作为自己行动的指导思想，并坚定地坚持下去					
C15	我愿意为了共产主义的实现做一些有益的事情					
C16	我相信中国梦在党的领导和人民的共同努力下一定能够实现					

D. 对马克思主义的践行状况

序号	问题	非常同意	基本同意	不确定	基本不同意	非常不同意
D01	对于生活中出现的一些问题,我会用马克思主义的立场、观点和方法进行分析					
D02	我积极参加社会实践活动,并在活动中践行社会主义核心价值观					
D03	在公众场合听到一些反马克思主义的言论,我会据理力争,捍卫马克思主义					
D04	我有时会向我的朋友和亲人宣传马克思主义理论					
D05	我会到红色景点旅游					
D06	我会阅读马克思主义的经典文献					
D07	我会阅读《习近平谈治国理政》等马克思主义中国化的最新成果					
D08	我会经常在"学习强国"上阅读文章					
D09	我会参加学校举办的马克思主义理论、党史党建方面的讲座					
D10	我会主动关注国家大事、关心社会发展					
D11	我平时会力所能及地做一些有益于他人的事情					
D12	我愿意为加入中国共产党而努力					
D13	在择业时,我会更看重工作的社会价值,而不仅仅是薪酬待遇					
D14	我的人生追求是把实现个人价值和社会价值有机统一起来					
D15	共产主义不是虚无缥缈的,而是一种伟大的现实运动,需要我们每个人当下的努力奋斗					

附录二　新时代大学生马克思主义信仰教育状况调查问卷(教师卷)*

亲爱的老师：

您好！为了对大学生马克思主义信仰教育现状进行研究，笔者设计了这份问卷。此问卷仅作为学术资料分析使用，请您仔细阅读每个问题，并根据您的真实情况与真实想法回答问卷中的所有问题。此次调查采用匿名方式，对资料填写的内容绝对保密，敬请放心！选题若无特定要求，请均在相应选项上打"√"。

衷心感谢您对本次调查的大力支持！

A. 个人基本情况

A01. 您的性别：

(1) 男　　　　　　　(2) 女

A02. 您的民族：

(1) 汉族　　　　　　(2) 少数民族

A03. 您的最高学历：

(1) 专科　　　　　　(2) 本科　　　　　　(3) 硕士研究生

(4) 博士研究生

A04. 您的教龄：

(1) 5 年以下　　　　(2) 5~10 年　　　　(3) 11~20 年

(4) 20 年以上

A05. 您工作的大学位于我国：

(1) 东部　　　　　　(2) 中部　　　　　　(3) 西部

---

* 此问卷在参考王开莉(2019)编制的问卷基础上修订完善而成。

A06. 您工作的学校属于：

    (1)"双一流"大学　　　(2)普通本科院校

    (3)高职高专院校

A07. 您的政治面貌：

    (1)中共党员　　　　　(2)预备党员

    (3)民主党派成员　　　(4)群众

A08. 您目前的职称：

    (1)助教　　　　　　　(2)讲师或助理研究员

    (3)副教授或副研究员　(4)教授或研究员

A09. 您在学校是否担任了行政职务：

    (1)担任　　　　　　　(2)没担任

A10. 您是否有海外学习经历：

    (1)有　　　　　　　　(2)没有

B. 教师的信仰状况

B01. 您认为西方发达国家的政治经济制度如何？

    A. 优大于弊　　B. 优小于弊　　C. 优劣相当　　D. 不清楚

B02. 您是否喜欢讲授思想政治理论课？

    A. 非常喜欢　　B. 比较喜欢　　C. 不太喜欢　　D. 不确定

B03. 您是否觉得思想政治理论课教师是一份使命光荣的育人职业？

    A. 是　　　　　　B. 否　　　　　　C. 不确定

B04. 您认为马克思主义信仰与宗教信仰是否矛盾？

    A. 矛盾　　　　　B. 不矛盾　　　　C. 不清楚

B05. 您是否会经常关注和阅读马克思主义方面的最新理论成果？

    A. 经常　　　　　B. 有时　　　　　C. 偶尔　　　　D. 不会

B06. 您认为马克思主义过时了吗？

    A. 完全过时　　B. 有些过时　　C. 没有过时

B07. 除单位组织外，您会选择到红色景点旅游吗？

    A. 会　　　　　　B. 不会　　　　　C. 不确定

B08. 您会给自己子女或者家人宣传马克思主义吗？

      A. 经常   B. 有时   C. 偶尔   D. 不会

B09. 您会在微信、微博、QQ 等互联网社交平台上传播马克思主义吗?

      A. 经常   B. 有时   C. 偶尔   D. 不会

B10. 您觉得周围其他思政课教师有坚定的马克思主义信仰吗?

      A. 全部有   B. 大部分有   C. 部分有   D. 全无

      E. 不清楚

C. 马克思主义信仰教育施教状况

C01. 在日常教学活动中,您有将帮助学生树立马克思主义信仰明确为教学目标吗?

      A. 非常明确   B. 比较明确

      C. 不太明确   D. 没有明确

C02. 在课堂上,您会为学生讲述或讨论关于信仰的话题吗?

      A. 经常   B. 有时   C. 偶尔   D. 不会

C03. 您会引导学生从伟大建党精神中感悟马克思主义的真理伟力吗?

      A. 经常   B. 有时   C. 偶尔   D. 不会

C04. 您认为培育大学生马克思主义信仰的最有效途径是什么?

      A. 思想政治理论课课程的教育

      B. 党的宣传和其他媒体途径

      C. 教师的信仰与职业素养

      D. 辅导员的日常教育

      E. 同学朋友的影响

      F. 其他途径

C05. 有些学生缺乏马克思主义信仰,您认为产生的原因是什么?

      A. 社会多元文化的影响

      B. 人们更多地追求物质生活,相对忽视了精神家园的建设

      C. 学生对马克思主义缺乏真正的了解

      D. 学校的马克思主义信仰教育水平有待提升

C06. 有些思政课教师讲课对学生缺乏吸引力，您认为最重要的原因是什么？

  A. 教师自身对马克思主义缺乏足够的信仰

  B. 教师理论功底欠缺，对学生的疑问无法做出有说服力的解答

  C. 教师上课照本宣科

  D. 教学方式陈旧单一

C07. 有些学生认为思政课乏味，您认为第一原因是什么？

  A. 思政课教学内容与学生所学专业无关，学生不重视或缺乏兴趣

  B. 教师的教学水平差，上课无生机

  C. 教学班级人数太多，给教学互动带来较大困难

  D. 其他(请写明)＿＿＿＿＿＿＿＿＿＿＿＿＿＿

C08. 您认为当前提高学生学习马克思主义的兴趣，关键在于什么？

  A. 加强与学生的沟通，深入了解学生的思想困惑与需求

  B. 改进教学方式，提高教学质量

  C. 加强课堂管理与教学激励

  D. 其他(请写明)＿＿＿＿＿＿＿＿＿＿＿＿＿＿

C09. 您自认为擅长讲授马克思主义基本原理吗？

  A. 非常擅长   B. 比较擅长

  C. 一般   D. 不太擅长

C10. 您对学校思想政治理论课的整体教学水平与效果是否满意？

  A. 十分满意 B. 比较满意 C. 一般满意 D. 不满意

D. 马克思主义信仰教育保障状况

D01. 近年来，您所在学校是否有加强马克思主义在意识形态领域的指导地位？

  A. 全面加强 B. 有所加强 C. 不明显

D02. 您所在学校有明确的大学生马克思主义信仰培育、评价和反馈等机制吗？

  A. 有   B. 没有   C. 不清楚

D03. 您所在学校是否有成立与马克思主义相关的团体和组织？

      A. 有   B. 没有   C. 不清楚

D04. 您在学校创建的媒体平台上是否经常看到关于马克思主义的内容?

      A. 经常   B. 有时   C. 偶尔   D. 不会

D05. 您所在学校每年是否会组织教师到红色基地学习考察吗?

      A. 是   B. 否

D06. 您所在学校会经常邀请马克思主义理论专家讲学吗?

      A. 经常   B. 有时   C. 偶尔   D. 不会

D07. 您所在学校是否根据全日制在校生总数, 严格按照师生比不低于 1:350 的比例核定专职思政课教师岗位?

      A. 达到比例要求   B. 尚未达到比例要求

      C. 不清楚

D08. 您所在学校是否有设立思政课教师岗位津贴?

      A. 有

      B. 名义设立, 但实际工资待遇没有提升

      C. 没有

D09. 您所在学校的思政课上课时间是否会安排在晚上?

      A. 经常   B. 有时   C. 偶尔   D. 不会

D10. 您觉得授课班级人数是否太多?

      A. 很多   B. 比较多   C. 一般   D. 不多

D11. 近年来, 您所在学校是否有加强配备思政课教师开展教学科研所需的办公空间、硬件设备和图书资料?

      A. 有   B. 没有   C. 不清楚

D12. 近年来, 您觉得作为思政课教师在学校教师中的地位是否有提高?

      A. 明显   B. 比较明显   C. 不明显   D. 没有

D13. 对于政治立场、政治方向、政治原则、政治道路上不能同党中央保持一致的思政课教师, 您所在学校是否有建立相关岗位退出机制?

      A. 有   B. 没有   C. 不清楚

附录三　新时代大学生马克思主义信仰教育状况调查问卷(辅导员卷)

亲爱的老师：

　　您好！为了对大学生马克思主义信仰教育现状进行研究，笔者设计了这份问卷。此问卷仅作为学术资料分析使用，请您仔细阅读每个问题，并根据您的真实情况与真实想法回答问卷中的所有问题。此次调查采用匿名方式，对资料填写的内容绝对保密，敬请放心！选题若无特定要求，请均在相应选项上打"√"。

　　衷心感谢您对本次调查的大力支持！

A. 个人基本情况

　　A01. 您的性别：

　　　　(1)男　　　　　　　　(2)女

　　A02. 您的民族：

　　　　(1)汉族　　　　　　　(2)少数民族

　　A03. 您的最高学历：

　　　　(1)专科　　　　　　　(2)本科

　　　　(3)硕士研究生　　　　(4)博士研究生

　　A04. 您担任辅导员的年限：

　　　　(1)3年以下　　　　　 (2)3~6年

　　　　(3)7~10年　　　　　　(4)10年以上

　　A05. 您工作的大学位于我国：

　　　　(1)东部　　　　　　　(2)中部　　　　　　(3)西部

　　A06. 您工作的学校属于：

　　　　(1)"双一流"大学　　 (2)普通本科院校　　(3)高职高专院校

A07. 您的政治面貌：

(1) 中共党员　　　　(2) 预备党员

(3) 民主党派成员　　(4) 群众

A08. 您目前的职称：

(1) 初级　　　　　　(2) 中级

(3) 副高　　　　　　(4) 正高

A09. 您是否专任辅导员：

(1) 专任辅导员　　　(2) 兼任辅导员

A10. 您是否有海外学习经历：

(1) 有　　　　　　　(2) 没有

B. 辅导员的信仰状况

B01. 您认为西方发达国家的政治经济制度如何？

A. 优大于弊　　B. 优小于弊　　C. 优劣相当　　D. 不清楚

B02. 您是否有马克思主义理论学科背景？

A. 有　　　　　　B. 没有

B03. 您是否会有意识地将马克思主义世界观、方法论运用于学生工作中？

A. 经常　　　　B. 有时　　　　C. 偶尔　　　　D. 不会

B04. 您是否会经常关注和阅读马克思主义方面的最新理论成果？

A. 经常　　　　B. 有时　　　　C. 偶尔　　　　D. 不会

B05. 您平时会给学生宣传马克思主义吗？

A. 经常　　　　B. 有时　　　　C. 偶尔　　　　D. 不会

B06. 您认为马克思主义信仰与宗教信仰是否矛盾？

A. 矛盾　　　　B. 不矛盾　　　C. 不清楚

B07. 您认为辅导员的马克思主义素养是否有利于提高其自身工作开展水平？

A. 是的　　　　B. 不是　　　　C. 不清楚

B08. 除单位组织外，您会选择到红色景点旅游吗？

A. 会　　　　　B. 不会　　　　C. 不确定

B09. 面对学生受不良思潮的影响，您是否会捍卫马克思主义在自身工作中的指导地位？

  A. 会   B. 不会   C. 不确定

B10. 您觉得周围其他辅导员有坚定的马克思主义信仰吗？

  A. 全部有 B. 大部分有 C. 部分有   D. 全无

  E. 不清楚

C. 马克思主义信仰教育施教状况

C01. 在工作中，您会将帮助学生树立马克思主义信仰明确为工作目标之一吗？

    A. 非常明确   B. 比较明确

    C. 不太明确   D. 没有明确

C02. 在工作中，您会和学生交流关于信仰的话题吗？

    A. 经常   B. 有时   C. 偶尔   D. 不会

C03. 您认为做好学生的马克思主义信仰教育工作，关键在于什么？

    A. 走进大学生做好零距离的思想工作

    B. 及时和班主任、各科教师及时沟通，了解学生情况

    C. 调动党员，利用骨干积极做好工作

    D. 指导党支部建设调动学生积极进行

    E. 其他(请写明) _____

C04. 您会在学生工作中组织开展红色主题教育活动吗？

    A. 经常   B. 有时   C. 偶尔   D. 不会

C05. 您是否会运用中国共产党的奋斗史来激励学生做好新时代的接班人？

    A. 经常   B. 有时   C. 偶尔   D. 不会

C06. 您在工作中扮演的学生的最主要角色是什么？

    A. 生活管家

    B. 大学生思想政治教育的骨干力量

    C. 辅导咨询服务

    D. 班级管理

C07. 您认为辅导员最关心学生的什么问题?

    A. 政治思想问题　　　　　　　B. 学习问题

    C. 生活问题　　　　　　　　　D. 心理问题

    E. 就业问题　　　　　　　　　F. 其他(请写明)＿＿＿＿＿

C08. 作为辅导员,您平时工作的大部分时间是用在以下哪个方面?

    A. 学生思想政治教育工作　　　B. 学生事务管理工作

    C. 学生发展指导工作　　　　　D. 其他(请写明)＿＿＿＿＿

C09. 您会积极鼓励学生加入中国共产党吗?

    A. 会　　　　　　B. 不会　　　　　C. 顺其自然

C10. 您是否会在学生微信群或者 QQ 群中传播马克思主义?

    A. 经常　　　　　B. 有时　　　　C. 偶尔　　　　D. 不会

C11. 您是否经常组织学生学习马克思主义中国化的最新理论成果?

    A. 经常　　　　　B. 有时　　　　C. 偶尔　　　　D. 不会

C12. 您认为培育大学生马克思主义信仰的最有效途径是什么?

    A. 思想政治理论课课程的教育　B. 党的宣传和其他媒体途径

    C. 教师的信仰与职业素养　　　D. 辅导员的日常教育

    E. 同学朋友的影响　　　　　　F. 其他途径

C13. 有些学生缺乏马克思主义信仰,您认为产生的原因是什么?

    A. 社会多元文化的影响

    B. 人们更多地追求物质生活,相对忽视了精神家园的建设

    C. 学生对马克思主义缺乏真正的了解

    D. 学校的马克思主义信仰教育水平有待提升

D. 马克思主义信仰教育保障状况

D01. 近年来,您所在学校是否加强马克思主义在学生思想政治教育工作中的指导地位?

    A. 全面加强　　B. 有所加强　　C. 不明显

D02. 您所在学校有明确的大学生马克思主义信仰培育、评价和反馈等机制吗?

    A. 有　　　　　B. 没有　　　　C. 不清楚

D03. 近年来，您所在学校是否加强辅导员队伍建设？

    A. 全面加强　　B. 有所加强　　C. 不明显

D04. 您所在学校在招聘和考核辅导员时会重视其思想政治素质吗？

    A. 会　　　　　B. 不会　　　　C. 不清楚

D05. 您所在学校每年是否会组织辅导员到红色基地学习考察？

    A. 是　　　　　B. 否

D06. 您所在学校是否根据全日制在校生总数，按照师生比不低于1:200 的比例设置一线专职辅导员岗位？

    A. 达到比例要求　　　　　　　B. 尚未达到比例要求

    C. 不清楚

D07. 您所在学校是否会给辅导员开展马克思主义理论或者思想政治教育方面的研修学习？

    A. 经常　　　　B. 有时　　　　C. 偶尔　　　　D. 不会

D08. 您所在学校是否有把辅导员的培养纳入师资培训规划和人才培养计划？

    A. 有　　　　　B. 没有　　　　C. 不确定

D09. 您所在学校是否有把辅导员的职称评聘单列单设？

    A. 有　　　　　B. 没有　　　　C. 不清楚

D10. 您所在学校是否有把辅导员队伍作为后备干部培养和选拔的重要来源？

    A. 有　　　　　B. 没有　　　　C. 不清楚

D11. 您所在学校是否有在岗位津贴、办公条件、通信经费等方面为辅导员提供必要保障？

    A. 有　　　　　A. 部分有　　　B. 没有　　　C. 不清楚

D12. 对于政治立场、政治方向、政治原则、政治道路上不能同党中央保持一致的辅导员，您所在学校是否有建立相关岗位退出机制？

    A. 有　　　　　B. 没有　　　　C. 不清楚

参考文献

一、马克思主义经典著作和党的文献

[1]马克思，恩格斯. 马克思恩格斯文集(第1卷)[M]. 北京：人民出版社，2009.

[2]马克思，恩格斯. 马克思恩格斯选集(第1卷)[M]. 北京：人民出版社，2012.

[3]马克思，恩格斯. 马克思恩格斯全集(第2卷)[M]. 北京：人民出版社，2005.

[4]马克思，恩格斯. 马克思恩格斯文集(第2卷)[M]. 北京：人民出版社，2009.

[5]马克思，恩格斯. 马克思恩格斯文集(第3卷)[M]. 北京：人民出版社，2009.

[6]马克思，恩格斯. 马克思恩格斯选集(第3卷)[M]. 北京：人民出版社，2012.

[7]马克思，恩格斯. 马克思恩格斯文集(第5卷)[M]. 北京：人民出版社，2009.

[8]马克思，恩格斯. 马克思恩格斯文集(第9卷)[M]. 北京：人民出版社，2009.

[9]马克思，恩格斯. 马克思恩格斯文集(第10卷)[M]. 北京：人民出版社，2009.

[10]马克思，恩格斯. 马克思恩格斯全集(第34卷)[M]. 北京：人民出版社，2016.

[11]列宁. 列宁选集(第 3 卷)[M]. 北京：人民出版社，2012.

[12]列宁. 列宁全集(第 24 卷)[M]. 北京：人民出版社，1990.

[13]列宁. 列宁全集(第 46 卷)[M]. 北京：人民出版社，1990.

[14]毛泽东. 毛泽东军事文集(第二卷)[M]. 北京：军事科学出版社，中央文献出版社，1993.

[15]毛泽东. 毛泽东选集(第二卷)[M]. 北京：人民出版社，1991.

[16]毛泽东. 毛泽东选集(第三卷)[M]. 北京：人民出版社，1991.

[17]毛泽东. 毛泽东选集(第四卷)[M]. 北京：人民出版社，1991.

[18]毛泽东. 毛泽东文集(第七卷)[M]. 北京：人民出版社，1999.

[19]邓小平. 邓小平文选(第二卷)[M]. 北京：人民出版社，1994.

[20]邓小平. 邓小平文选(第三卷)[M]. 北京：人民出版社，1993.

[21]习近平. 把思想政治工作贯穿教育教学全过程[N]. 人民日报，2016-12-09(1).

[22]习近平. 高举中国特色社会主义伟大旗帜　为全面建设社会主义现代化国家而团结奋斗[N]. 人民日报，2022-10-26(1).

[23]习近平. 关于坚持和发展中国特色社会主义的几个问题[J]. 求是，2019(7).

[24]习近平. 关于《中共中央关于全面深化改革重大问题的决定》的说明[N]. 人民日报，2013-11-16(1).

[25]习近平. 坚持中国特色社会主义教育发展道路　培养德智体美劳全面发展的社会主义建设者和接班人[N]. 人民日报，2018-09-11(1).

[26]习近平. 坚持中国特色世界一流大学建设目标方向　为服务国家富强民族复兴人民幸福贡献力量[N]. 人民日报，2021-04-20(1).

[27]习近平. 习近平谈治国理政(第一卷)[M]. 北京：外文出版社，2014.

[28]习近平. 习近平谈治国理政(第二卷)[M]. 北京：外文出版社，2017.

[29]习近平. 习近平谈治国理政(第三卷)[M]. 北京：外文出版社，2020.

[30]习近平. 习近平谈治国理政(第四卷)[M]. 北京：外文出版社，

2022.

[31]习近平. 习近平在全国组织工作会议上的讲话[M]. 北京：人民出版社，2018.

[32]习近平. 习近平著作选读(第一卷)[M]. 北京：人民出版社，2023.

[33]习近平. 习近平著作选读(第二卷)[M]. 北京：人民出版社，2023.

[34]习近平. 学史明理　学史增信　学史崇德　学史力行[J]. 求是，2021(13).

[35]习近平. 学习马克思主义基本理论是共产党人的必修课[J]. 求是，2019(22).

[36]习近平. 在北京大学师生座谈会上的讲话[N]. 人民日报，2018-05-03(2).

[37]习近平. 在党爱党在党为党　忠诚一辈子奉献一辈子——习近平总书记给国测一大队老队员老党员的回信[J]. 党史纵横，2015(8).

[38]习近平. 在纪念红军长征胜利80周年大会上的讲话[N]. 人民日报，2016-10-22(2).

[39]习近平. 在知识分子、劳动模范、青年代表座谈会上的讲话[N]. 人民日报，2016-04-30(2).

二、中外学术著作

[1]北京大学哲学系外国哲学史教研室. 西方哲学原著选读(下卷)[M]. 北京：商务印书馆，1981.

[2]陈独秀. 陈独秀文章选编(中)[M]. 北京：生活·读书·新知三联书店，1984.

[3]陈金龙. 近代中国社会思潮与马克思主义中国化[M]. 北京：人民出版社，2013.

[4]陈先达. 马克思主义十五讲[M]. 北京：人民出版社，2016.

[5]陈先达. 马克思主义信仰十讲[M]. 北京：人民出版社，2018.

[6]陈先达. 马克思主义哲学是大智慧[M]. 北京：人民出版社，2019.

[7]董振华. 问道马克思：为什么信仰马克思主义[M]. 南宁：广西人

民出版社，2020.

[8]谷生然. 人的解放与科学实践：马克思主义信仰理论及其当代意义[M]. 北京：人民出版社，2021.

[9]何虎生. 建党伟业[M]. 北京：中国广播影视出版社，2017.

[10]黑格尔. 精神现象学(上卷)[M]. 贺麟，王玖兴，译. 北京：人民出版社，2022.

[11]蒋荣. 马克思主义信仰的现代困境及出路——基于高校师生的经验证据[M]. 北京：中央编译出版社，2015.

[12]蒋文玲. 为什么出发：中国共产党人的初心和使命[M]. 北京：北京联合出版公司，2018.

[13]教育部社会科学司. 普通高校思想政治理论课文献选编(1949—2008)[M]. 北京：中国人民大学出版社，2008.

[14]拉法格. 回忆马克思恩格斯[M]. 马集，译. 北京：人民出版社，1973.

[15]李红霞. 当代大学生马克思主义信仰状况研究——以北京地区部分高校为例[M]. 北京：中国文史出版社，2014.

[16]李建国. 大学生马克思主义理想信仰生成论[M]. 北京：人民出版社，2019.

[17]李唯实. 抗大琐忆[J]. 军事历史，1995(4).

[18]林代昭，潘国华. 马克思主义在中国——从影响的传入到传播(下)[M]. 北京：人民出版社，2021.

[19]刘建军. 马克思主义信仰研究[M]. 北京：中国人民大学出版社，2021.

[20]刘明逵. 中国工人阶级历史状况(第1卷第1册)[M]. 北京：中共中央党校出版社，1985.

[21]吕延勤，赵金飞. 红船精神[M]. 北京：中共党史出版社，2019.

[22]罗平汉. 红船精神[M]. 成都：四川人民出版社，2019.

[23]莫里斯·迈斯纳. 毛泽东的中国及后毛泽东的中国——人民共和国史[M]. 杜蒲，李玉玲，译. 成都：四川人民出版社，1992.

[24]戚杰强. 马克思主义信仰的影响因素实证研究——基于广西L市

城镇职工的问卷调查与访谈[M].桂林：广西师范大学出版社，2017.

[25]斯诺.西行漫记[M].董乐山，译.北京：生活·读书·新知三联书店，1979.

[26]汤因比.人类与大地母亲[M].徐波，等译.上海：上海人民出版社，2001.

[27]王开莉.当代高校马克思主义信仰教育研究[M].北京：中国社会科学出版社，2019.

[28]乌纳穆诺.生命的悲剧意识[M].段继承，译.广州：花城出版社，2007.

[29]吴德刚.伟大建党精神弘扬与发展[M].北京：中共党史出版社，2023.

[30]吴德刚.伟大建党精神孕育与形成[M].北京：中共党史出版社，2023.

[31]吴玉章.吴玉章文集（下卷）[M].重庆：重庆出版社，1987.

[32]徐贵相.信仰改变中国：以思想建党塑造民族精神[M].北京：北京联合出版公司，2015.

[33]徐秦法.新时代马克思主义信仰教育研究[M].北京：人民日报出版社，2021.

[34]徐晓丽.高校马克思主义信仰教育新论[M].北京：中国社会科学出版社，2021.

[35]徐星.马克思主义信仰问题研究[M].北京：人民出版社，2019.

[36]叶永烈.红色的起点：中国共产党诞生纪实[M].北京：天地出版社，2019.

[37]张培田.新中国法制研究史料通鉴[M].北京：中国政法大学出版社，2003.

[38]中共中央文献研究室，中央档案馆.建党以来重要文献选编（1921—1949）（第二十二册）[M].北京：中央文献出版社，2011.

[39]中共中央文献研究室，中央档案馆.建党以来重要文献选编（1921—1949）（第二十六册）[M].北京：中央文献出版社，2011.

[40]中共中央文献研究室，中央档案馆.建党以来重要文献选编

（1921—1949）（第十八册）［M］．北京：中央文献出版社，2011.

［41］中共中央文献研究室，中央档案馆．建党以来重要文献选编（1921—1949）（第一册）［M］．北京：中央文献出版社，2011.

［42］中共中央文献研究室．邓小平论教育［M］北京：人民教育出版社，1997.

［43］中美联合编审委员会．简明不列颠百科全书（第8卷）［M］．北京：中国大百科全书出版社，1986.

［44］周敬青．不负人民［M］．北京：中共中央党校出版社，2021.

三、期刊论文、报纸和网络文献

［1］安培，韩文婷．论伟大建党精神［J］．中共天津市委党校学报，2021，23（5）．

［2］白显良．基于四重逻辑深刻把握中国共产党伟大建党精神［J］．学校党建与思想教育，2021（13）．

［3］人民日报评论员．沿用好办法　改进老办法　探索新办法——三论学习贯彻习近平总书记高校思想政治工作会议讲话［N］．人民日报，2016-12-11（1）．

［4］蔡志强，袁美秀．伟大建党精神的内涵、形成机理与实践要求［J］．思想理论教育，2021（8）．

［5］曹俊峰．伟大建党精神融入高校思政课堂之精神维度思考［J］．贵州广播电视大学学报，2021（3）．

［6］陈鹏，解书华，周云鹏．"三全育人"视域下弘扬伟大建党精神的价值意涵与实践路径［J］．党政干部学刊，2023（10）．

［7］陈权科，黄鑫，施银慧．伟大建党精神的生成逻辑、内涵阐释与践行路径［J］．学理论，2022（8）．

［8］陈士勇，张晶．新媒体时代高校马克思主义信仰教育的现实图景与逻辑理路［J］．广西社会科学，2021（12）．

［9］陈悦，陈超美，刘则渊，等．CiteSpace知识图谱的方法论功能［J］．科学学研究，2015，33（2）．

［10］成媛，韩冀宁. 民族院校大学生马克思主义信仰培育调查研究［J］. 北方民族大学学报(哲学社会科学版)，2018(5).

［11］高立伟. 从这里生发的红色精神密码［EB/OL］.（2021-06-04）［2023-12-23］. https://m. gmw. cn/baijia/2021-06/04/34899013. html.

［12］高忠芳. 伟大建党精神融入高校思想政治教育的价值和路径［J］. 苏州科技大学学报(社会科学版)，2021，38(6).

［13］郭庆松. 论伟大建党精神的双重禀赋［N］. 光明日报，2021-08-27(10).

［14］胡春艳，霍冠行. "伟大建党精神"的马克思主义哲学意蕴［J］. 河南理工大学学报(社会科学版)，2023(4).

［15］季伟，万金城. 伟大建党精神融入大学生思想政治教育的实践探索［J］. 上海党史与党建，2022(3).

［16］李博文，贾淑品. 论伟大建党精神：三维逻辑、理论特质及其时代价值［J］. 东华大学学报(社会科学版)，2023，23(3).

［17］李德平，刘雅雯. 伟大建党精神融入思想政治理论课的内在逻辑、时代价值与实践进路［J］. 南昌大学学报(人文社会科学版)，2023，54(4).

［18］李金哲. 四维审视中国共产党伟大建党精神的内在意涵［J］. 理论研究，2022(4).

［19］李亮亮. 抗疫精神融入马克思主义信仰教育的逻辑构建与路径选择［J］. 教育理论与实践，2021，41(4).

［20］李英，王晓路. 以整体性原则推进马克思主义信仰教育［J］. 河北经贸大学学报(综合版)，2022，22(2).

［21］梁天歌. 伟大建党精神融入高校思想政治教育的路径探究［J］. 黑龙江教育(高教研究与评估)，2022(7).

［22］刘国栋. 当代大学生马克思主义信仰状况调查研究［J］. 山西高等学校社会科学学报，2015，27(4).

［23］刘红凛. 伟大建党精神的形成过程、科学内涵与赓续发展［J］. 马克思主义研究，2021(12).

［24］刘宏宇. "95 后"大学生马克思主义信仰现状及教育策略［J］. 学

校党建与思想教育，2019（4）．

［25］刘建军．让有信仰的人讲信仰——深入学习《习近平谈治国理政》第三卷［EB/OL］．（2020-08-13）［2023-12-01］．http：//news. cyol. com/content/2020-08/13/content_ 18733983. htm.

［26］刘水静，魏薇．中华优秀传统文化中的爱国主义精神：起源、内涵与特征［J］．学校党建与思想教育，2020（17）．

［27］刘小龙．高举马克思主义真理旗帜　弘扬伟大建党精神［J］．红旗文稿，2021（21）．

［28］刘艳玲，虞满华，张朝龙．论伟大建党精神的基本内涵及对青年的价值引领［J］．邢台学院学报，2022，37（2）．

［29］刘煜璇．伟大建党精神的形成主体与时代赓续［J］．西部学刊，2023（15）．

［30］陆攀，高巍巍．大学生马克思主义信仰教育现状的调查研究——以安徽省7所高校为例［J］．福建教育学院学报，2017，18（1）．

［31］罗伯特·威森．作为宗教的马克思主义［J］．国外社会科学动态，1986（10）．

［32］罗维梅．试论社会思潮多元化影响下马克思主义信仰的缺失与重建［J］．南昌教育学院学报，2016，31（2）．

［33］潘平．伟大建党精神引领高校大学生思想政治教育的研究［J］．佳木斯职业学院学报，2022，38（6）．

［34］庞艳．弘扬伟大建党精神　筑牢红色信仰根基［J］．新湘评论，2021（19）．

［35］彭正德．深刻理解"建党精神"的内涵［J］．湖南师范大学社会科学学报，2022，51（4）．

［36］蒲清平，何丽玲．伟大建党精神的内涵特征、时代价值与弘扬路径［J］．重庆大学学报（社会科学版），2022，28（1）．

［37］齐卫平．毛泽东关于伟大建党精神思想内涵的论述研究［J］．上海党史与党建，2023（5）．

［38］曲值．伟大建党精神的理论渊源、层次特征与重要意义［J］．理论月刊，2022（1）．

[39]苏丹. 新时代大学生马克思主义信仰教育的战略意义及路径[J]. 思想理论教育导刊, 2018(10).

[40]孙国胜, 王秀成, 蔡路. 伟大建党精神融入高校思想政治教育新探[J]. 学校党建与思想教育, 2022(12).

[41]婉蓉, 管欣, 李志飞. 伟大建党精神融入高校青年马克思主义者培养研究[J]. 兵团教育学院学报, 2023, 33(5).

[42]万菊. 中国共产党建党精神的基因密码及时代价值[J]. 三明学院学报, 2021, 38(2).

[43]王管. 伟大建党精神融入大学生思想政治教育的理论审思和实践路向[J]. 国家教育行政学院学报, 2021(11).

[44]王鹤岩, 秦岳琳. 从李大钊革命实践理解伟大建党精神[J]. 嘉兴学院学报, 2022, 34(5).

[45]王静仪. 大学生马克思主义信仰形成的影响要素分析[J]. 改革与开放, 2018(8).

[46]王丽仪. 大数据时代加强大学生马克思主义信仰教育的方法论研究[J]. 长江丛刊, 2020(9).

[47]王夏杰, 商继政. 论伟大建党精神的高校思想政治教育价值[J]. 学校党建与思想教育, 2022(2).

[48]王晓丽, 徐鑫钰. 中国共产党伟大建党精神的价值意蕴[J]. 广东社会科学, 2022(1).

[49]王中原, 黄雪英. 伟大建党精神的科学内涵、鲜明特征与时代价值[J]. 湖南省社会主义学院学报, 2022, 23(4).

[50]吴青芳. 积极心理学视域下大学生马克思主义信仰培育研究[J]. 西南民族大学学报(人文社科版), 2019, 40(3).

[51]吴少伟. 伟大建党精神融入高校思政课的价值意蕴和实践路径[J]. 学校党建与思想教育, 2022(2).

[52]夏自军, 李静. 伟大建党精神的生成逻辑与科学内涵[J]. 中共郑州市委党校学报, 2023(4).

[53]忻平, 万金城. 伟大建党精神的价值逻辑及其育人功能实现的关键点位[J]. 思想理论教育, 2022(9).

[54]徐凌子，陈公伟，王平. 伟大建党精神融入青年学生思想政治教育的路径研究[J]. 皖西学院学报，2022，38(3).

[55]徐秦法，常劼. 马克思主义信仰教育的基本原则与逻辑理路[J]. 理论探讨，2020(2).

[56]徐秦法，磨桂芳. 影响高校马克思主义信仰教育效果的四因子论[J]. 学校党建与思想教育，2016(1).

[57]徐泽辉. 弘扬伟大建党精神　铸牢信仰之魂[N]. 郑州日报，2021-12-06(8).

[58]晏朝飞. 新时代大学生信仰教育研究现状、热点与展望——基于CNKI文献计量与内容分析[J]. 南昌航空大学学报(社会科学版)，2023，25(2).

[59]杨宏伟，蒲文娟. 论伟大建党精神的信仰向度[J]. 中国特色社会主义研究，2022(Z1).

[60]杨丽艳，穆璇. 伟大建党精神的唯物辩证法意蕴探微[J]. 焦作大学学报，2022，36(3).

[61]杨于岑. 新媒体时代高职院校思想政治教育评价机制：现实挑战与路径选择[J]. 宁波职业技术学院学报，2020，24(1).

[62]姚崇. 中国共产党建党精神的价值地位、价值构成及价值指向[J]. 陕西师范大学学报(哲学社会科学版)，2021，50(5).

[63]殷海鸿，马凤强. 论当代青年的马克思主义信仰教育——习近平知青岁月的启示[J]. 中学政治教学参考，2020(30).

[64]尤陈一鑫，陈娜燕. "马克思主义信仰"的主体思想转变及其当代价值[J]. 西北大学学报(哲学社会科学版)，2022，52(4).

[65]俞科. 伟大建党精神与马克思主义信仰内涵的内在契合逻辑[J]. 理论导刊，2022(2).

[66]虞志坚. 伟大建党精神融入高校思想政治教育的价值意蕴和实践进路[J]. 湖北社会科学，2022(3).

[67]曾华平. 伟大建党精神融入大学生思想政治教育的路径[J]. 福建农林大学学报(哲学社会科学版)，2022，25(4).

[68]张金福，石书臣. 伟大建党精神涵育时代新人的价值意蕴[J]. 学

校党建与思想教育，2023(19).

[69]张军成，周竞. 伟大建党精神之于大学生思想政治教育的价值及实现[J]. 南京航空航天大学学报(社会科学版)，2022，24(2).

[70]张舒，白乔风. 伟大建党精神的生成逻辑与弘扬路径[J]. 哈尔滨市委党校学报，2023(5).

[71]张甜甜. 伟大建党精神融入大学生思想政治教育路径探析[J]. 长江师范学院学报，2022，38(4).

[72]张夏蕊. 当代青年马克思主义信仰认同论析[J]. 学校党建与思想教育，2020(9).

[73]张晓婧，徐雅婷. 论伟大建党精神融入高校思想政治教育的实践路径[J]. 保山学院学报，2022，41(4).

[74]张旭日. 高校思想政治教育评价机制完善对策探析[J]. 高等农业教育，2017(6).

[75]张轩，任慧婷. 马克思主义信仰及其构筑[J]. 科学与无神论，2019(6).

[76]张雪黎，魏新凯. 青年大学生马克思主义信仰状况调查研究[J]. 西部学刊，2019(4).

[77]张志丹. 伟大建党精神的多维诠释[J]. 马克思主义理论学科研究，2021，7(7).

[78]赵凤欣，忻平. 近代中国信仰体系的重构与伟大建党精神[J]. 社会科学，2023(6).

[79]赵磊，赵晓磊. 马克思主义：信仰抑或科学——基于科学方法论的解读[J]. 经济纵横，2018(9).

[80]赵伟贵. 伟大建党精神的生成因素与价值意蕴[J]. 中学政治教学参考，2022(19).

[81]郑敬斌. 怎样认识马克思主义信仰与宗教信仰的关系[J]. 思想理论教育导刊，2016(3).

[82]钟华论. 伟大的精神之源，奋进的磅礴力量——论伟大建党精神[N]. 人民日报，2021-07-19(7).

[83]周兰珍，刘金芝. 伟大建党精神融入高校思想政治教育的路径选

择[J].学校党建与思想教育,2021(24).

[84]周梦瑶.从后思索法:一种理解伟大建党精神的思维方法[J].领导科学,2023(5).

[85]周璇.伟大建党精神融入大学生思想政治教育探微[J].重庆第二师范学院学报,2022,35(4).

[86]周玉洁,游慧.伟大建党精神融入高校思想政治教育的价值与路径[J].理论观察,2021(8).

[87]祝和军.一种世俗的超验性如何可能——兼论马克思主义信仰对宗教信仰的内在超越[J].广东社会科学,2019(4).

[88]邹国振.伟大建党精神融入大学生思想政治教育的价值意蕴及实现路径[J].高校辅导员学刊,2022,14(3).

[89]邹小华,郑子奕.伟大建党精神的生成逻辑、四维旨向与现实转化[J].广州社会主义学院学报,2023(3).

四、学位论文

[1]白小芳.伟大建党精神的时代价值及弘扬路径研究[D].北京:中央财经大学,2022.

[2]蔡如丹.建国初期马克思主义信仰教育研究[D].武汉:湖北大学,2023.

[3]程彤.高校学生马克思主义信仰教育研究[D].石家庄:河北师范大学,2017.

[4]董俊友.马克思精神生产理论视域下伟大建党精神研究[D].西安:西安理工大学,2023.

[5]杜芳雅.中央苏区中国共产党政治信仰教育研究[D].北京:中国地质大学,2022.

[6]杜盈娇.李大钊对"伟大建党精神"的贡献研究[D].北京:北京建筑大学,2023.

[7]段洪梅.当代大学生传承伟大建党精神研究[D].昆明:云南师范大学,2023.

[8]韩祎.伟大建党精神的历史形成与思想价值研究[D].郑州:河南农业大学,2023.

[9]蒋依萍.新时代大学生马克思主义信仰教育强化研究[D].南京:南京财经大学,2023.

[10]李明哲.全媒体时代青年信仰教育及路径创新研究[D].长沙:长沙理工大学,2023.

[11]李淑哲.文化发展战略视阈下大学生信仰教育研究[D].长沙:湖南大学,2021.

[12]李添真."00后"大学生马克思主义信仰教育研究[D].长春:东北师范大学,2022.

[13]梁桓瑜."互联网+"背景下大学生马克思主义信仰教育研究[D].太原:山西师范大学,2022.

[14]梁小娟.伟大建党精神融入新时代大学生理想信念教育研究[D].南宁:广西民族大学,2023.

[15]刘晓梅.改革开放以来高校马克思主义信仰教育的发展、经验与启示[D].武汉:华中师范大学,2021.

[16]刘振伟.伟大建党精神及其弘扬赓续路径研究[D].西安:西安理工大学,2023.

[17]秦婷.大学生党员马克思主义信仰教育研究[D].西安:西安理工大学,2018.

[18]施号天.伟大建党精神融入大学生思想政治教育路径研究[D].长春:东北师范大学,2023.

[19]苏晓瑞.伟大建党精神的生成逻辑及传承路径研究[D].桂林:桂林理工大学,2023.

[20]王洋.伟大建党精神及其弘扬路径研究[D].兰州:兰州大学,2023.

[21]王瑶.西柏坡时期党员干部马克思主义信仰教育研究[D].石家庄:河北科技大学,2022.

[22]王忠.大学生思想政治教育实践育人机制创新研究[D].长春:东北师范大学,2017.

［23］温小春. 以伟大建党精神引领大学生"国之大者"意识培育研究［D］. 赣州：江西理工大学，2023.

［24］徐超. 伟大建党精神融入《中国特色社会主义》教学路径研究［D］. 临沂：临沂大学，2023.

［25］许远鹏. 伟大建党精神融入大学生使命感培育研究［D］. 赣州：赣南师范大学，2023.

［26］叶军利. 信仰教育视角下高校"青马工程"建设研究［D］. 长春：长春工业大学，2020.

［27］易丙进. 网络环境下大学生政治信仰教育的问题及对策研究［D］. 长春：东北师范大学，2023.

［28］于兴泳. 大众传播对大学生马克思主义信仰教育的影响和对策［D］. 延吉：延边大学，2017.

［29］张瑠珈. 基于日常生活视角的大学生马克思主义信仰教育研究［D］. 合肥：安徽农业大学，2021.

后 记

　　本书是江西省社会科学基金高校思想政治理论课研究专项重点课题(项目名称为"伟大建党精神融入高校马克思主义信仰教育研究"，项目编号为 SZ211003)的最终研究成果，课题研究持续至今近三个春秋。感谢江西省社会科学规划办公室提供的宝贵研究机会。自立项以来，项目组成员孜孜以求、勤勉不倦，力求提交一份较高质量的研究成果。由于研究内容的难度及水平认识有限，在两年多的研究时期内深感"欲渡黄河冰塞川，将登太行雪满山"。为攻坚克难、逆流而上，笔者常常早起利用拂晓这一段独处、静谧的时间开展研究，如此既能以清醒高效的状态推进研究，又不会影响白天的教学工作以及各种琐事。

　　在本项目完成并成书之际，本人对曾关心和帮助本书编辑出版的各位同仁表示深深的感激和谢意。感谢南昌航空大学马克思主义学院的同事对本书的指导和支持；感谢南昌交通学院查祥云老师对本书的贡献，其为本书的文献资料收集、数据整理等做了较多工作，并协助撰写和修改了部分章节的内容。在本书写作和修改中，我的母亲蔡庆鸣和爱妻喻薇承担了照料小孩和家务劳作的重任，给予了默默支持和积极无私的奉献，在此表示感谢。

　　在本书的写作中，参考和借鉴了前辈及同行的大量研究成果，在此一并表示感谢!

　　感谢生活，感谢大家!

晏朝飞

2024 年 2 月于南昌